# PARMI LES ABANDONNÉS

Ph. DELORD

# Parmi les abandonnés

LE PAUVRE LAZARE
(d'après les Paraboles illustrées par Eugène BURNAND)
BERGER-LEVRAULT, Éditeurs

Il y avait aussi... un pauvre homme, nommé Lazare, qui était là, couvert d'ulcères... *(L'Evangile)*.

PARIS
SOCIÉTÉ DES MISSIONS ÉVANGÉLIQUES
102, Boulevard Arago, XIVe

1923

*A tous ceux qui m'ont aidé à soulager les souffrances des lépreux,*

*à tous ceux qui, avec une foi indomptable et une inlassable pitié, travaillent à créer, pour les victimes de la lèpre, un avenir meilleur,*

*je dédie ces pages.*

# PRÉFACE

*Ce sont ici des choses vues, vécues, ressenties au plus profond du cœur et de la conscience.*

*Ce sont des visions de détresse devant lesquelles l'âme a frémi ; mais ce sont aussi des rayons de lumière, des traits de pitié et de reconnaissance. Car il n'est pas de région, si désolée soit-elle, qui ne possède quelques fleurs ; ces fleurs ont un parfum exquis, un charme indéfinissable, quelque chose qui apaise et console.*

*Je les dépose ici, ces souvenirs, au hasard des réminiscences et au courant de la plume.*

*Quelques noms seuls ont été changés. Les lépreux ont leur pudeur, aussi n'aiment-ils pas qu'on parle d'eux ou qu'on les photographie. Mais rien dans ces pages n'est en dehors de la réalité.*

*Du reste, comment dépeindre cet état effrayant, ces misères physiques ? Par quels mots décrire l'indicible tristesse de ces existences de lépreux ; l'horreur de cette descente dans la nuit... Surtout lorsqu'elle n'est éclairée par aucun rayon venu du Ciel !*

*On peut m'objecter qu'il y a d'autres misères, d'au-*

*tres souffrances, d'autres abandons tout aussi effrayants. J'en conviens. Je le sais. Cependant il s'ajoute ici, à la misère du corps, une douleur morale inexprimable : c'est le sentiment de répulsion et de crainte qu'on inspire à ses proches, même à ceux qui vous aiment le plus ; c'est là ce qui constitue un isolement moral plus douloureux encore que l'isolement physique.*

*Ils sont abandonnés, certes... Et combien !*

*Mon vœu — au moment où je pose la plume — c'est que ces pages deviennent, avec l'aide de Dieu, un plaidoyer suffisamment convaincant et tellement efficace, que désormais les pauvres lépreux soient plus aimés,...* moins abandonnés !

*Deux ou trois de ces récits ont déjà paru dans la presse religieuse, d'autres ont servi à illustrer une causerie missionnaire. C'est parce que quelques auditeurs bienveillants ont exprimé le désir de les posséder, que je me permets de les publier.*

*Je m'excuse ici de l'empreinte trop personnelle donnée à ces souvenirs. Quelques-uns ont été si intimement mêlés à ma vie, et ils ont éveillé en mon cœur des échos si profonds,... qu'il m'était impossible de les transmettre autrement qu'avec quelques lambeaux de moi-même.*

*Le Comité de secours aux lépreux, récemment fondé à Paris, entreprend une grande et noble tâche.*

*Au moment où commence cette croisade de charité chrétienne, en faveur des lépreux de nos Champs de mission et de nos Colonies,*

*— à l'heure où les bonnes volontés surgissent,*

*— où, dans le silence des cœurs, le dévouement et les sacrifices se préparent,*

*— et où, vaillants et généreux, les jeunes se lèvent,*

*..... il m'est doux de leur confier ces documents vécus.*

Ph. DELORD.

# ON NE PEUT PAS !

PARIS

La scène se passe dans la banlieue immédiate de la capitale.

C'est au quatrième étage d'une maison ouvrière. L'intérieur est simple, mais propre.

La femme est blanchisseuse, le mari est employé aux chemins de fer. Deux enfants : deux fillettes, neuf et onze ans environ.

⁂

Je vais.

Un humble mais impérieux devoir m'appelle. Ne m'a-t-on pas dit : « Allez ! car il y a là-bas une petite fille qui est, sans doute, atteinte de lèpre. Il vous faut la voir et parler aux parents. Ils sont si tristes ! »

... Et je vais.

.............................................

La nuit vient, la nuit tombe et grisaille toutes choses. Dans le chaos, dans les heurts, dans le bruit d'un wagon de troisième classe, je vois fuir des ombres trouées d'une infinité de petites lumières.

On fume, on cause, on rit bruyamment autour de moi.

Je me sens... tout seul ; ma pensée devance l'heure, car je me vois entrant dans l'humble appartement... J'y serai l'inconnu, l'étranger, peut-être le porteur d'une nouvelle que l'on redoute, d'une affirmation terrible... Oh ! que dirai-je ?

Me voici arrivé.

Dans la rue étroite, je cherche mon chemin, j'interroge...

Ah, c'est ici !

Je monte. Je heurte à la porte. On ouvre et j'entre dans la lumière d'une chambre où l'on repasse du linge.

Mais la femme n'est pas seule, il y a là deux autres personnes, jeunes encore, des apprenties sans doute.

On me fait une place ; la chambre est étroite, encombrée ; on m'offre une chaise.

Et maintenant, comment aborder la question devant des étrangères ? Comment prononcer ce mot de terreur, ce mot maudit, comment expliquer ma présence ?...

Mais voilà : brusquement la porte s'ouvre en coup de vent. Deux fillettes essoufflées se précipitent dans la chambre, portant leurs cahiers, leurs livres d'école.

La plus jeune alors, tout d'une haleine :

— Oh, maman ! Pense donc que... Mais elle m'a aperçu. Elle s'arrête, interdite...

— Quoi donc ? interroge la mère.

Et alors la fillette reprend plus bas, montrant ses pauvres mains :

— Maman, je ne savais pas que le fourneau de l'école était allumé. J'ai posé mes mains dessus... Un moment après, j'ai vu de la fumée, et on m'a dit : « Henriette, tu te brûles !... » C'était mes doigts !

. . . . . . . . . . . . . . . . . . . . . . . . . . . . . . . . . . . . . . . .

... Je prends les pauvres petites mains. Les doigts, auxquels manquait déjà la première phalange, ont de noires, de terribles brûlures.

Ce sont bien des doigts de lépreux ; c'est l'insensibilité habituelle, et ce sont les mutilations produites par la terrible maladie.

— Il faut soigner cette enfant, Madame. Il faut considérer la chose, non pas avec désespoir, mais avec sérieux, car c'est grave. Et surtout, il faut l'isoler partiellement. Elle ne doit plus partager la couche de sa grande sœur...

La mère me regarde, elle laisse retomber ses bras d'un geste découragé ; dans son regard il y a une si intense détresse !...

Puis, à demi-voix, après un instant de silence — comme si c'était trop douloureux à prononcer :

— On ne peut pas !...

⁂

Je suis sorti. J'ai marché au hasard... Je me suis retrouvé dans la foule des rues, dans le brouhaha des gares, mais terriblement seul, désemparé, l'âme en détresse. Mon Dieu, mon Dieu !... Que faire ?

Et la parole désespérée d'une pauvre mère répondait :

« *On ne peut pas !* »

# SI ABANDONNÉE !

Nous étions allés prendre congé, ma femme et moi, des lépreux de Béthesda (1), car quelques jours encore et nous nous embarquerions pour l'Europe.

La journée était radieuse, mais nos cœurs n'étaient pas à l'unisson de la nature ; ils étaient « lourds », comme disent les noirs.

Il planait sur nos adieux une grande tristesse.

Ils avaient chanté :

— « O notre père, si vous partez,...
Hélas ! n'oubliez pas
Qu'ici nous restons orphelins !
Hélas ! adieu, ô notre père...
O notre mère... Adieu ! »

et nous avions, en effet, l'impression de laisser derrière nous des « orphelins ».

— Etes-vous TOUS là ? leur dis-je.

— Non, il y a encore la petite Amaouéné.

---

(1) Béthesda — Une clairière dans la forêt où se dressent quelques huttes de lépreux. C'est à MARÉ, dans le groupe des Iles de la Loyauté, près de la Nouvelle Calédonie.

Elle est très mal, elle n'a pas pu sortir de la hutte.

— Allons la voir...

.........................................

Chemin faisant, une voisine de l'enfant me raconte combien sa situation est triste. La mère est morte. Le père ne se soucie plus d'elle. Sollicité d'apporter de la médecine à son enfant, il a répondu cyniquement :

« Qu'elle c... ! » (Je n'ose pas écrire le mot.)

.........................................

Nous nous sommes approchés de la porte basse ; nous restons dehors, mais l'enfant est à deux pas de nous.

Amaouéné a été habillée proprement par des mains compatissantes. Elle est assise sur la natte, près d'un petit feu.

Ce cas doit être désespéré sans doute. Pauvre enfant !

Elle est d'une couleur indéfinissable : gris-terre. Elle ne peut faire aucun mouvement, pas même pour chasser les mouches importunes. Si quelque chose la heurtait, même légèrement,... elle s'effondrerait !

Elle n'a plus de voix, à peine un souffle ; comme une lampe qui n'a plus d'huile, sa vie baisse lentement.

.........................................

Dans ce cas-là,... que dire !
On ne peut que parler à Dieu : prier.

.........................................

Quand nous nous sommes éloignés, la voisine a dit :

« Pauvre petite ! Mieux vaut pour elle s'en aller à Dieu, puisque les hommes l'ont abandonnée. »

# LA COMPLAINTE DU LEPREUX[1]

I

Mon désir était autrefois de demeurer
Toujours auprès de mon père et de ma mère.
Aux fêtes de Mai (2), à la fête de Noël,
J'aurais eu ma place aussi.
O mère, ne m'appelle plus par mon nom !
Fils, ne dis plus ce doux mot : mon père !
...Non, non !... mille fois non !
Et ce sera ainsi toujours,
Sans fin,... toujours !

(1) Un chant de lépreux recueilli à Maré, en 1903.
(2) Les fêtes religieuses qui groupent presque toute la population, surtout les jeunes. Elles ont lieu généralement à la fin du mois de mai.

## II

Pendant que se paralysent mes mains,
Que mes doigts se détachent et tombent,
Que sur mes plaies se posent les mouches,
Mes larmes coulent deux à deux...
Car elle a disparu, la voix de mon ami,
Et la voix qui me parle m'est étrangère ;
Elle m'appelle et je ne la comprends plus !
Voici que les larmes coulent de mes yeux
Oui, encore des pleurs, encore... et toujours.

## III

Si j'appelle, si je dis : — « Mon frère, où donc es-tu ? »
...Voici, ce sont les ombres qui me répondent.
Si c'est ma femme bien-aimée que j'invite...
...C'est le martin-pêcheur et c'est l'orfraie qui font écho.
— Oui, c'est la terre qui me servira de mère,
Et j'aurai pour frères les vers.
Ainsi tout aura disparu de ce que j'ai aimé ;
Indéfiniment, toujours,
Toujours... oui toujours !

# C'EST FINI !

Un mot tragique. Comme une sentence de mort.

On voit la scène : le docteur appelé en toute hâte... il s'est penché sur le pauvre corps, tout à l'heure haletant, maintenant insensible, livide...

— C'est fini ! dit-il.

## I. HA ATHOUA !

*(C'est fini !)*

Solitude et désolation que ce coin de terre !

Je ne le connaissais pas encore. Il était appelé par les indigènes de l'île : Ha athoua ! C'est-à-dire : C'est fini !

Une sorte de « bout du monde », après quoi il n'y aurait plus rien, rien que la falaise abrupte, tombant à pic dans la mer houleuse et profonde.

Oh, cet océan ! Cet océan sans limite, sans aucune terre à l'horizon, cet océan aux violentes colères, dont les vagues creusent inlassablement les sillons géants qui se frangent d'écume blanche et viennent se briser aux rocs des falaises avec un grand bruit sourd...

Et c'était là-haut, mais comme perdus au milieu des rocs titaniques et noyés, submergés par la grande forêt vierge... que vivaient quelques pauvres rebuts d'humanité : des lépreux.

Le sentier qui conduisait à « C'est fini » côtoyait d'abord quelques espaces déboisés — des jardins d'ignames, des plantations de bananiers, — puis il s'enfonçait dans les broussailles toujours plus hautes. Il contournait d'énormes blocs de rochers, il serpentait en zigzag dans les forêts où gisaient, pêle-mêle, sous les fougères et les mousses, les troncs géants d'arbres séculaires.

Plus d'une heure de marche dans ce sentier toujours plus étroit et plus rocailleux... enfin, on arrivait !

Et là, brusquement, c'était la léproserie.

Léproserie !... un nom. Rien d'un asile. Pas la plus petite apparence d'une maison de refuge ou de secours. Mais de pauvres huttes primitives, élevées à la hâte : quatre parois et un toit de chaume, un trou pour la porte, au centre une place où l'on entretient le feu. Tout cela tenant dans deux mètres cinquante de long, un mètre cinquante de large et deux mètres de haut.

Ce pauvre village avait de dix à douze huttes, mais disposées au hasard, ici et là, au caprice des occupants.

Un figuier banian, aux grandes branches horizontales, semblait faire signe et inviter les pauvres habitants de ces lieux. C'est là en effet qu'ils venaient — qu'ils se traînaient plutôt — aux heures chaudes, les jours de grand soleil.

C'était la place publique, le forum de « C'est fini ».

Le missionnaire a marché longtemps sur le sentier. Il est trois heures, la chaleur est étouffante, la forêt est silencieuse ; il va lentement, évitant les lianes et les rocs, et il se sent terriblement seul !...

Mais tout à coup, une clairière : le figuier banian est là ; groupés à son ombre, une vingtaine de pauvres êtres défigurés, mutilés, couverts de plaies, entourés d'un essaim de mouches...

O, vision de détresse !... comment te dépeindre ?

Ce que je remarquais surtout, c'était un groupe de cinq ou six enfants, tout petits, très jeunes sans doute, malingres, blottis dans les anfractuosités des rochers. Je ne pouvais en détourner les yeux. Quelle pitié !...

Eux aussi à « C'est fini ! »

.........................................

Nous fîmes le culte...

Le culte : ce n'est pas *ce qui s'y fait,* c'est *ce qu'on y met* ; *ce* n'est pas *où* l'on est, c'est ce que *l'on est.* Ce n'est pas une cérémonie, c'est un acte, c'est un élan, c'est un envol de l'âme.

Modeste banian, perdu dans la brousse lointaine, tu gardes à mes yeux un aspect de cathédrale.

Pauvres lépreux difformes, sans voix, épaves rejetées des hommes,... ensemble nous avons ce jour-là communié dans la prière, ensemble nous avons tendu nos mains vers la croix du Sauveur. — Oh, comme on la saisit quand on est lépreux ! — Et nous avons crié : — « O, Christ, nous n'avons plus que toi,... Aie pitié de nous ! »

UN LÉPREUX

## II. POUR CREUSER LES TOMBES

Si court, si insuffisant qu'ait été l'élan de foi, si brève qu'ait été la « minute d'espérance », il faut redescendre dans la vallée où règne l'ombre.

— De quoi auriez-vous tout particulièrement besoin ? leur dis-je... Que pourrais-je faire pour vous ?

Leurs regards s'interrogèrent : « On veut nous donner quelque chose ! Est-ce possible ? Que demanderons-nous ? »

Ils se groupèrent, gesticulant, discutant, ne pouvant conclure.

Enfin deux pauvres vieux vinrent à moi :

— « Des outils : une pioche, une pelle, une barre à mine. Voilà ce que nous voudrions avoir. »

... Etonnement du missionnaire

— Mais,... pourquoi faire !

(Car dans cette île, au sol madréporique tout en roc, sans terre arable — sauf un peu d'humus dans les cavités des rochers — il n'est nul besoin d'outils).

— Oh, dirent-ils, c'est que chez nous on meurt vite. Ceux qui restent ne savent *comment creuser les tombes* ; nous n'avons que nos doigts malades et quelques pieux de bois dur...

Pauvres gens !

Jusqu'où peut aller l'abandon. Que tout ce que l'on ambitionne ici-bas puisse tenir dans ces quelques mots : Des outils pour creuser une fosse !

. . . . . . . . . . . . . . . . . . . . . . . . . . . . . . . . . . . . . . . . . . . . . .

— Vous aurez les outils, mais, de grâce, demandez autre chose encore. N'avez-vous plus aucun désir ?

Nouvelle consultation, nouveau palabre. Les avis sont très partagés sans doute...

Enfin les délégués s'approchent, hésitants :

— Si vous pouviez nous donner une vieille barrique vide !

Etonnement renouvelé du missionnaire.

— Une barrique !

— Oui, nous n'avons pas d'eau. Nous avons parfois bien soif. Nous enlèverons l'un des fonds de la barrique, nous la dresserons, nous y dirigerons ensuite les tiges de quelques palmes de cocotiers et, lorsqu'il pleuvra, elle recueillera l'eau...

(Dans ce sol madréporique, aucun cours d'eau, aucune source n'est possible. L'eau de pluie est immédiatement absorbée par le sol poreux. On ne la retrouve qu'au niveau de la mer. Sur les bords de l'île, on peut bien rencontrer quelques puits naturels, mais l'eau parfois en est saumâtre.)

Ils eurent les outils désirés. Ils eurent, non pas la vieille barrique, mais une citerne convenable et quelques tôles ondulées pour recueillir l'eau de pluie.

.........................................................

Le soleil baissait à l'horizon, il fallait partir.

Je pris congé ; ils me suivirent un instant...

Je m'éloignai, entendant encore leurs : « merci ! merci ! »...

Et brusquement, m'apparut le contraste poignant : *eux... moi* !...

Eux, ils restaient ici, à « C'est fini ». Moi, je reprenais le chemin de mon foyer, de mon activité ; j'allais revoir les miens, j'allais *vivre* ; tandis qu'eux — les habitants de « C'est fini » —... ils allaient lentement *mourir.*

## III. UN SAC POUR MOURIR

Cette sobriété de désirs, ce détachement des choses, cette mort à la vie, me remettent en mémoire un autre fait :

Hmani Sofé — notre Marguerite — avait une enfant lépreuse : une fillette de quatorze ans. Elle allait fréquemment la voir.

C'était relativement près du village, « dans la brousse » — terme vague qui signifie tout ce qui n'est pas le bord de la mer, tout ce qui existe là-haut, dans l'intérieur de l'île : forêts impénétrables ou terrains à broussailles.

Et l'enfant était là-haut, « dans la brousse », en une petite hutte solitaire, loin des humains. Seule toujours, effroyablement seule, hors les visites de sa mère.

.......................................................

Hmani Sofé rentre un soir, le visage triste ; on voit qu'elle a dû pleurer...

— Çà ne va pas, Marguerite ?

— .......................................................

Ses larmes sont sa seule réponse.

Inutile d'insister.

Pauvre mère !

⁂

Le lendemain :

— Madame, pourriez-vous me donner un vieux sac...

— Mais oui, certainement. En as-tu besoin tout de suite ?

— Oui, je vais « là-haut ». Sofé était si peu bien hier soir ! Ce sera sans doute bientôt fini ; mais elle est sereine, confiante. Elle attend que la porte s'ouvre pour elle. Elle m'a dit : « Mère, apporte-moi un sac. Je ne veux pas mourir sur ma natte, elle est presque neuve, elle est propre encore,... ce serait dommage. Tu m'apporteras un vieux sac, n'est-ce-pas, Néné mé ouanatchor — Maman chérie !

.............................................

Un matin, Hmani Sofé a trouvé son enfant étendue sur le sac, raidie dans la mort. Son pauvre corps rongé de gangrène lépreuse avait fini de souffrir.

.............................................

Marguerite nous a dit au retour : « La porte s'est ouverte,... mon enfant est entrée., Moi je reste ! Kolo ni inou ! » — Pauvre moi !

« — Ceux qui sont revêtus de robes blanches, qui sont-ils ? D'où sont-ils venus ?...

— Ce sont ceux de la grande tribulation — du grand abandon et de la grande souffrance. — Mais ils ont lavé leurs robes dans le sang de l'Agneau.

... Dieu essuiera toute larme de leurs yeux et la mort ne sera plus. » (Apoc. 7, 13-14 ; 21, 4).

# OUABOUNÉ DOIT QUITTER L'ÉCOLE

Ouabouné, un drôle de nom : « bout de queue » ou « petit dernier ».

Vraiment, un gentil bout d'homme que ce petit Ouabouné ! Douze à treize ans, docile, serviable et studieux. Il n'était pas le premier de l'école, mais en bonne place ; sur le second banc.

Frimousse éveillée, quoique réservé de nature ; il était vif, sans être bruyant.

Chez Ouabouné, le teint était foncé, les traits réguliers, mais les membres étaient grêles et les mains très fines.

Son manou (pagne) et son tricot étaient irréprochables ; à le voir ainsi toujours propre, on sentait qu'une mère attentive veillait sur son enfant.

Un jour, K., le moniteur, m'appelle après la sortie des élèves et me montre sur le sol de la classe, à la place même où l'enfant appuie les pieds, une large tache.

— De quoi s'agit-il, K. ? demandai-je au moniteur.

— Je ne sais pas, Missi (missionnaire), mais je crains que Ouabouné ne soit « habari » (lépreux).

— Lépreux !... En es-tu bien sûr, K. ?

— Je ne sais pas, mais je le crains. Il a sous le pied une grande plaie béante qui suppure abondamment ; vous pouvez le constater vous-même, d'après la tache que vous voyez là. Et du reste, il a beaucoup de peine à marcher...

.......................................................

Il fallut se rendre à l'évidence : Ouabouné était lépreux.

Pour ne pas faire d'histoire et humilier inutilement le brave petit homme, nous convînmes de ne rien lui dire ; mais, l'école finie, de le renvoyer avec une lettre pour son nata (catéchiste).

Ce dernier irait trouver les parents, les préparerait et leur transmettrait la décision. Car aucun enfant reconnu lépreux — ou même suspect de l'être — n'était autorisé à suivre l'école de la station.

C'est le cœur gros que nous vîmes, la semaine finie, notre gentil Ouabouné prendre ses livres, ses cahiers et partir comme de coutume.

... Nous savions que c'était pour la dernière fois.

***

Quelques jours après, notre institutrice, Mlle B., recevait une lettre touchante :

« Hélas ! hélas, Mademoiselle !

Je suis si triste ; je ne cesse de pleurer...

(Je le savais bien que j'étais malade, mais j'aimais mon école et... j'espérais).

C'est fini maintenant. Fini, ma chère école, mes jeux, mes camarades, ma vie heureuse... hélas !

Adieu, ô Mademoiselle !

Adieu, mes chers cahiers ; adieu, mes livres... c'est fini, fini ! Je pars pour la forêt...

Adieu, Mademoiselle, adieu !

C'est moi qui vous aime.

OUABOUNÉ. »

***

Je dois cependant ajouter ici, qu'en 1908, après les premiers mois de traitement par l'Aïouni (à base d'huile de chaulmoogra), Ouabouné m'écrivait du fond de sa solitude (car il avait été isolé dans la forêt), il m'écrivait ces simples mots, écrits au crayon, sur un pauvre petit bout de papier :

« Missi, je puis courir maintenant, je bénis Dieu et... je vous remercie. »

.............................................

... « Je puis courir ! »... quel privilège et quelle joie quand on est un jeune garçon !

AUX ILES DE LA SONDE : Un coin de léproserie

# A BETHEL

Ils étaient dispersés : ici cinq ou six lépreux, là une dizaine, ailleurs deux ou trois. C'était, selon le caprice des chefs ou d'après l'insistance des familles intéressées, tantôt en un coin de forêt, tantôt sur un point perdu de la côte.

Aucune coordination des efforts en vue du bien commun.

Le jour arriva enfin où nous pûmes concentrer les lépreux sur deux points principaux, l'un à l'est, l'autre à l'ouest : Béthel et Béthesda (1).

Oh, ce fut encore bien primitif !

(1) Béthel et Béthesda dans l'île de Maré voisine de la Nouvelle-Calédonie.

De modestes huttes, élevées à la hâte — comme pour un campement provisoire — ; un espace débroussé au centre, où se trouvait une hutte plus grande : le temple ; une citerne creusée dans le sol et recouverte en tôles ondulées,... c'était là toute la léproserie.

Ce village pouvait contenir de quarante à cinquante lépreux.

C'était un progrès pourtant.

## I. LE CULTE

Allons à Béthel, voulez-vous ?

Quel voyage ! D'abord une bonne route jusqu'au village de T., puis de là, un petit sentier en zigzag, des contours à n'en plus finir. Les hautes herbes couvertes de rosée nous trempent jusqu'aux genoux ; les tiges des arbustes nous fouettent le visage, les lianes semblent vouloir nous barrer le passage et, sur le sol, les pointes de rocs dissimulées sous l'herbe nous font trébucher.

Nous arrivons enfin.

Une clairière, quelques toits de chaume, un temple misérable, la forêt sombre tout proche.

C'est toi,... ô terre d'abandon ! ô village de la mort ! toi qu'on a appelé « Béthel » — Maison de Dieu ! !

..................................................

Mais quelqu'un nous a aperçus.

Il court auprès du temple et hisse le drapeau.

Le drapeau !

Oui, une vieille chemise, sale, déchirée, dont on a attaché ce qui reste de l'une des manches à une liane passée à la fourche d'un bois sec, qui se dresse à cinq ou six mètres de hauteur. Que voulez-vous,... on n'a pas de cloche !

...« en marge de la vie »...

Les lépreux, accroupis sur le seuil de leur hutte, ont vu... le drapeau blanc qui flotte. Ils comprennent, ils s'interpellent d'une hutte à l'autre ; ils rentrent un instant, ils font sans doute un brin de toilette... les voilà qui arrivent.

Un à un ils entrent dans le modeste édifice. De la paille jonche le sol, ils s'y accroupissent avec un soupir.

Parfois c'est la répétition de la fable de « l'aveugle et du paralytique » : l'un portant l'autre, et vraiment on ne saurait dire lequel est le plus misérable des deux.

Quelques-uns cependant ne sont pas très atteints encore : ceux, par exemple, qui n'ont que des taches anesthésiques, ou ceux qui n'ont que de légères mutilations commençantes. Ceux-là, ils ont l'allure dégagée, parfois même un sourire, — la nature humaine est ainsi faite qu'il faut de la détente : aux longs jours de pluie, un rayon de soleil.

Ils sont tous là maintenant — ou presque tous — une quarantaine environ.

Le culte peut commencer.

Je regarde ! Non, le mot n'est pas exact : j'*essaie* de les regarder. Ce n'est pas facile. (J'en appelle au témoignage de ceux qui ont été placés en face d'un groupe de pauvres malades défigurés par la lèpre.).

C'est chose impossible à exprimer par des mots. Tout en nous, — la vue, l'odorat, le sens esthétique —, tout se soulève en une marée de dégoût, de répulsion et d'horreur. On voudrait fermer les yeux ! ou bien fuir, fuir !... Et même encore, longtemps après, la vision d'épouvante poursuivrait la pensée.

Non, il vaut mieux regarder ; on s'habitue. J'ajoute qu'*il faut* regarder, à cause des malheureux eux-mêmes ; car ils s'apercevraient bien vite de l'horreur qu'ils inspirent, et cela ajouterait à leur lot déjà si grand de souffrances.

Il faut regarder de la façon la plus naturelle possible — cela est difficile —, il faut même que l'expression soit, non pas celle d'une pitié condescendante, mais celle d'une franche et fraternelle affection, et y ajouter même encore, si possible, le rayonnement d'un bon sourire.

Cette leçon-là est dure à apprendre, il y faut du temps. Cette attitude n'est ni spontanée, ni naturelle au cœur humain ; il y faut toute la grâce divine, car c'est le rayonnement d'un amour dont la source est plus haut.

Ils sont là. Ils chantent. (Vous lisez bien : ... Ils chantent !)

On a quelque peine à concilier ces deux mots : cantique et lèpre ! Il est du reste assez fréquent que leur voix devienne rauque et même s'éteigne tout à fait.

Mais peu importe ! Nos indigènes lépreux aiment à chanter ; c'est leur joie.

Le journal que j'imprimais pour eux : « Bonne nouvelle », contenait toujours un ou deux chants nouveaux à leur intention.

Le chant nous transporte ailleurs. Il nous élève au-dessus de nous-mêmes, au-dessus des tristesses et des difficultés présentes, ou même nous permet de les extérioriser et le cœur alors en est soulagé.

Ils chantent et... *ils prient.*

Je n'ai jamais senti le bienfait et la beauté de la

prière comme lorsque j'ai été appelé à prier avec des lépreux

M'identifier avec eux, pour un instant porter leurs souffrances et ensemble... crier à Dieu. Etre naufragé, se débattre sur l'abîme, sentir ses forces décroître, chercher une planche, un appui, quelque chose qui porte et qui sauve... et, dans sa détresse, — n'ayant trouvé nul autre secours — saisir Dieu !...

C'est là l'acte de foi et c'est là la prière.

Partout où l'on prie ainsi, le Ciel s'ouvre, les anges — divins messagers — montent et descendent, unissant la terre au Ciel et l'âme à son Dieu. Quel que soit le lieu où l'on prie ainsi, c'est un Béthel, une « maison de Dieu ».

C'est pourquoi, parmi les plus beaux cultes auxquels il m'ait été donné d'assister et de participer, je place en tout premier rang mes cultes avec les lépreux.

## II. PAS MÊME UNE CUILLÈRE !

Maintenant le culte est fini.

Les lépreux sortent lentement.

J'en retiens deux ou trois, car j'ai, soit à leur poser quelque question, soit à leur remettre en cadeau des vêtements, de la nourriture, ou quelques médicaments.

— Viens ici, Tchirane (un nom qui signifie « Amour »). C'est un garçon de douze ans.

— Prends-tu ta médecine régulièrement ? Il me semble que tu n'as pas fait de progrès depuis la dernière fois.

.......................................

Tchirane m'a répondu quelque chose qui ressemble à un *oui* ; mais un oui gêné. Il garde les yeux fixés sur le sol.

— Va me chercher ta bouteille...

Il sort lentement :

Il revient après un instant et je constate en effet que le contenu de la bouteille est presque intact.

— Tchirane, tu m'as trompé !...

Pourquoi ne prends-tu pas chaque jour ta médecine ?

Alors Tchirane, levant les yeux sur moi — avec un regard très franc cette fois — me dit :

— Missi, je n'ai pas de cuillère, moi !

(Il avait à prendre une cuillerée à soupe du médicament tous les matins.)

— Mais, lui dis-je, tu en as pris cependant, car il en manque... *un peu*. Comment as-tu fait ?

— Missi, deux fois j'ai été emprunter une cuillère à une femme qui habite là-bas, à une demi-heure d'ici. Maintenant... elle ne veut plus me la prêter.

. . . . . . . . . . . . . . . . . . . . . . . . . . . . . . . . . . . . . . . . . .

Ainsi donc Tchirane n'avait *pas même une cuillère* et personne ne voulait lui en prêter !

... Aussi depuis lors, ai-je toujours ajouté un verre gradué aux médicaments que j'envoie aux lépreux.

## III. ... « JE N'AI PERSONNE ! »

C'est ce même jour, à l'issue du culte que j'ai présidé dans le petit temple de Béthel.

Avec Tchirane, j'ai aussi retenu une petite fille : Maraéa.

Elle est accroupie sur la paille qui jonche le sol...

MARAEA, approche-toi. Viens ici.

L'enfant — dix à douze ans — se lève lentement. Je remarque que ses mains et ses pieds sont couverts d'affreuses plaies et que son visage est absolument défiguré, car la lèpre inexorable a peu à peu rongé le nez. Son visage est presque blanc, car elle est l'enfant d'un Européen et d'une mère Canaque. Mais le père a disparu, la mère est morte, morts aussi les grands-parents...

Elle s'avance vers moi, craintive et le regard désespérément triste.

— Mon enfant, dis-moi : qui donc prend soin de toi ? Est-il quelqu'un qui t'aime ?

Maraéa lève les yeux, hésite un instant, puis, timidement :

— Inou ha déko ngomé ! — Moi... je n'ai personne !

.......................................

Mon Dieu, est-ce possible qu'il existe de semblables détresses !

À cette vue, tout mon être a frémi. Et je la regarde, mais sans pouvoir prononcer une seule parole.

— Mais comment, et de quoi vit-elle ?

... C'est là la question que je pose aux lépreux présents dans le temple.

— Oh, disent-ils, parfois on a des restes,... alors on l'appelle.

« *Des restes !* » chez les lépreux ! ! !

. . . . . . . . . . . . . . . . . . . . . . . . . . . . . . . . . . . . . . . . . . . . . . . .

Et moi je vous dis que si des bienfaits et des joies que Dieu nous accorde — en telle abondance parfois — nous faisons un jardin d'égoïsme bien doux et bien clos... nous commettons un crime de lèse-humanité et que sur nous, un jour, retentira la parole accusatrice : « *Qu'as-tu fait de ton frère ?* »

# SAMOUÉLA

Nous sommes à Maré, aux îles de la Loyauté, par une radieuse matinée, sous la véranda de la maison missionnaire. Un indigène de trente-trois ans environ est accroupi et pleure doucement.

— C'est toi, Samouéla ! Qu'as-tu, mon ami ? Pourquoi pleures-tu ?

— ......................................

— Voyons, dis-moi, qu'est-ce qu'il y a ?

— Je suis malade...

— Malade ! où souffres-tu ?

.............................................

Les minutes s'écoulent... Samouéla pleure, mais il ne répond pas.

Tout à coup, le missionnaire entrevoyant, ou devinant plutôt, sous ces larmes, quelque immense chagrin :

— ... Serais-tu « Ouédé kabari » ? — lépreux ?

— Je suis lépreux !... Je suis lépreux ! gémit à deux reprises le pauvre homme.

***

Oh ! ce fut une triste journée dans la vie du missionnaire !

Son élève, son Samouéla sur lequel il fondait tant d'espérances pour l'évangélisation des païens : malade ! Condamné à végéter dans quelque coin de la forêt. Etudes inutiles, vie perdue,... la mort bientôt !

. . . . . . . . . . . . . . . . . . . . . . . . . . . . . . . . . . . . . . .

Quelques indigènes appelés par le missionnaire examinèrent le pied atteint.

Ils furent unanimes : c'était la lèpre !

Cependant, un docteur consulté déclara que Samouéla n'était pas lépreux.

Aussi le missionnaire put-il le conduire lui-même, quelques mois après, dans le champ encore inculte de tribus complètement païennes, en Nouvelle-Calédonie.

En pirogue, évitant les bancs de sable, le long des rivières où se profilaient les fines silhouettes des cocotiers, le petit cortège se rendit à Goïéta. C'est là que Samouéla, sa femme et ses deux enfants devaient — en vrais pionniers, ouvrir la voie à l'Evangile qui transforme, qui relève et qui sauve.

Ce que fut cette première année de labeur, de semailles, de difficultés,... Dieu le sait ; ils le savent aussi, ceux qui furent les convertis de la première heure.

Un jour, les colons du voisinage — dont plusieurs avaient un « débit » — furieux que cette tribu de pauvres sauvages, abrutis par l'alcool, se relevât, prirent le prétexte... que *ces gens chantaient trop* et les empêchaient de dormir.

Plainte fut portée à la gendarmerie. Les gendarmes,

soucieux de la sécurité (et du sommeil !) des colons, vinrent arrêter Samouéla pour le conduire à la prison voisine.

Ce fut une scène ! La femme, comme bien l'on pense, suivit son mari en pleurant, les enfants aussi. Les indigènes, hommes, femmes et enfants firent de même. Un vrai cortège !

Une fois l'évangéliste en prison, Ouidja, femme de Samouéla, s'accroupit près de la porte, les indigènes se mirent en cercle tout autour, et là, dans un morne silence, toute cette foule attendit. Quelques-uns allèrent chercher des vivres, car il faut tout de même manger !

Un jour, deux jours s'écoulèrent ainsi...

C'était « assommant », cette foule toujours là ! Ces gens qui se lamentaient et pleuraient !...

Les gendarmes ne savaient plus que faire pour s'en débarrasser.

Enfin un docteur vint à passer ; il eut l'occasion de voir Samouéla et dit :

— Qu'avez-vous à chercher plus loin ? Cet homme est lépreux. Débarrassez-vous de lui !

.........................................

Samouéla fut donc renvoyé dans son île, à Maré.

Mais les pauvres gens de Goïéta retinrent Ouidja, se disant : « Si nous gardons la femme, le mari nous reviendra. »

Ce fut en vain. Samouéla était lépreux et... bien lépreux.

... Moins d'une année après, sa tombe était creusée à la petite léproserie de Pédé.

⁂

J'ai là une photographie sous les yeux...

Je le revois encore, assis sur la pirogue qui nous conduisit là-bas, à la tribu païenne.

A cette vue, tant de souvenirs remontent à ma mémoire !

Une seule année d'activité, et s'en aller dans l'isolement, mourir petit à petit, lentement ; se sentir diminuer graduellement, et finir avec l'impression d'une tâche à peine commencée...

Et pourtant non, il n'avait pas cette tristesse, il ne se laissait pas gagner par le découragement, il savait que son œuvre continuerait et il gardait la foi. Il écrivait à ses gens, il les encourageait, lui, le malade.

Il priait pour eux... Et son œuvre a grandi. Elle s'est affermie comme une œuvre d'éternité.

.....................................................

Le vrai serviteur du Maître prend comme devise ces paroles de Jean-Baptiste : « Il faut qu'Il croisse et que je diminue. »

# NOËL

NOEL. NOEL !

Rien, absolument rien de ce qui constitue le cadre du Noël de *chez nous :*

Le froid du dehors, tout ouaté de neige, ou étincelant de givre sous le ciel clair ; les nuits longues qui mangent les jours, déjà tout gris ; les douces et vieilles habitudes familiales de nos foyers chrétiens,... tout cela revêt de charme et de mystère la fête ancienne, et pourtant chaque année, nouvelle.

Mais *là-bas,* c'est l'éblouissant soleil des jours non encore embrumés — car la saison des pluies est prochaine, mais ne commence qu'en janvier. C'est la terre brûlante et de laquelle émane encore de la chaleur jusque tard dans la soirée. C'est le calme des nuits... et l'on reste à rêver sous le ciel constellé d'étoiles.

La mer berce le rêve de sa chanson monotone et grave. Les palmes des hauts cocotiers ont un léger mouvement qui fait penser à des ailes qui passent...

Vraiment on peut se sentir plus près de Bethléem... mais bien loin de chez nous !

Le missionnaire s'en va au pas de son cheval sur

les sentiers en zigzag. Impossible d'aller vite, un détour brusque tous les dix pas arrête l'élan.

Il est tard. Dans la nuit calme et toute lumineuse, mille insectes sont là, tout près, qui palpitent et chantent leur vie.

La brousse est comme semée d'étoiles, d'étoiles minuscules : les unes qui volent, fusent en étincelles ; les autres qui glissent lentement ; d'autres encore qui ont une lueur verdâtre étrange : lucioles, vers-luisants et minuscules champignons phosphorescents... toute la gamme des petites lumières d'ici-bas qui essaient de refléter celles des étoiles, là-haut.

Où va-t-il le missionnaire en cette nuit de Noël ?...

Dans la hutte de Ouabatch, au village de Hnaouaïatcha, il y a du monde ce soir, beaucoup de monde ; car c'est là une des plus grandes huttes du village, et il s'y trame quelque chose.

Oh, ce qui se passe ici, se passe ailleurs encore : c'est Noël — « Kérisimass », disent-ils. On se groupe pour attendre minuit, on répète quelques chants, on cause, on plaisante. Il en est de même dans chaque village, car ce pays d'anciens cannibales est devenu chrétien.

A minuit, le groupe des chanteurs s'en ira de maison en maison, chez le nata (pasteur), chez le dikona (ancien), chez le dokou (chef), et toute la série des chants y passera, ceux de Noël surtout. Des cadeaux seront reçus, échangés ensuite, on aura en partage des bouts de canne à sucre, des biscuits de soldat, de l'étoffe, des habits, du papier à lettre, un chapeau, du poisson sec, un ruban... que sais-je !... tout ce qu'on trouve : le mélange pittoresque d'une générosité touchante et naïve...

***

« Meleï keï Missi !... Meleï keï Missi ! » Voilà le missionnaire !

Quelqu'un près de la porte a sans doute entendu le pas feutré du cheval trottant sur le gazon du sentier ; il a soulevé le sac qui ferme l'entrée de la hutte... « Meleï keï Missi ! »... « Le missionnaire, le missionnaire est là ! » et tous de sortir bruyamment.

— Amis, dit celui-ci, je pense que vous vous préparez à aller chanter de hutte en hutte, et vous espérez, vous comptez même, sur beaucoup de cadeaux... ? Je vous propose autre chose ; allons jusqu'au village des lépreux, là-bas, dans la forêt d'Ajetché. Vous n'y recevrez aucun cadeau, mais vous y apporterez de la joie... »

Il y a une certaine hésitation ; ça dérange les plans évidemment.

Mais Kédiné se lève : — « Oui, dit-il, il faut aller. On prendra des torches pour mieux voir le chemin...

— On n'ira pas comme ça !... dit le pasteur Warahé. Que penserait-on de nous ! Qu'oserions-nous leur chanter, si nos mains étaient vides ! »

.......................................

Quelques instants plus tard, une foule de gens, jeunes et vieux, s'en allaient par l'étroit sentier, à travers la forêt sombre ; à la lueur des torches, les ombres avaient quelque chose d'inquiétant. Les longs bâtons

de canne à sucre, portés sur l'épaule, donnaient l'illusion de javelots, les ignames allongées avaient l'apparence de gourdins ou de casse-têtes sinistres.

Ils allaient en silence, lentement, prenant garde aux blocs de rochers, aux racines aériennes et aux lianes retombantes.

Et tout à coup, au détour du sentier, la forêt s'ouvrit sur le ciel, ce fut la clairière. Et là, étaient les quelques pauvres cabanes qui, dans la nuit calme, abritaient des êtres abandonnés, de pauvres êtres torturés, mutilés... créatures hideuses qui devraient pouvoir mourir et ne le peuvent que lentement, lentement, par petits morceaux.

Il y eut un moment de silence, d'un silence impressionnant. Il ne fallait réveiller ces pauvres gens que par un chant très doux. On chuchota... Qui commencerait ?...

Alors quelqu'un eut une idée : — « C'est le plus petit ! »

Le silence reprit, l'enfant désignée — une fillette — était émue, elle hésitait...

Puis, tout à coup, la petite voix pure s'éleva : « Ha hno hnapo Yésou... » — Jésus est né ! Venez, bergers et mages...

.....................................................

Quand les dernières notes du chant se furent égrenées, il y eut un nouveau silence. Dans le recueillement de cette nuit étoilée, il y avait comme une présence d'anges... Mais voici, là, dans la pauvre hutte voisine, on entendit un sanglot étouffé ; une femme pleurait. Et c'était la mère même de la fillette qui avait chanté... Une mère reconnaît toujours la voix de son enfant.

⁂

Oh... pauvre humanité !

Et Dieu l'a aimée : « Il a donné son fils afin que quiconque croit en lui ne périsse pas, mais qu'il ait la vie éternelle. »

. . . . . . . . . . . . . . . . . . . . . . . . . . . . . . . . . . . . . . . . . . . . . .

Il faut que le message d'amour retentisse. Il faut qu'il s'incarne en des hommes à la volonté bonne et au cœur fraternel. Il faut que les lépreux eux-mêmes en tressaillent d'espérance.

Noël *ici,* Noël *là-bas.*

Noël en France,... Noël aux Antipodes. Le Noël joyeux des petits,... le Noël des perdus et des abandonnés, le Noël des lépreux,... un même Noël pour tous les peuples, pour tous « le sujet d'une grande joie ! »

En Nouvelle-Calédonie : La côte Est

# CHANT DES LÉPREUX SUR LE CHEMIN DE L'EXIL (1)

I

Lépreux de Saint-Louis et de la Conception... (2).
Ils se sont embarqués, vers le soir, à Nouméa.
A leur patrie, à leur foyer, ils ont dit adieu,
Pour partir à Bélep, pour partir à Bélep.

*Refrain :*

Oh, malheureux, malheureux exilés !
Eloignés pour jamais, à Bélep abandonnés,
Rejetés de la Société — destinés à mourir
Là-bas — pour toujours malheureux... !

---

(1) En 1896, on fit — en Nouvelle-Calédonie et aux îles Loyalty — une rafle des lépreux et on les transporta dans le nord de la Colonie, sur l'île de Bélep. On renonça bientôt à cette léproserie unique et quelques années après les lépreux survivants furent rapatriés.

(2) Centre d'indigènes catholiques près de Nouméa, le chef-lieu de la Nouvelle-Calédonie.

II

Lépreux de l'Ile-des-Pins, voici le Néoblie (1)
Le soir vient, il faut vous embarquer aussi ;
Et votre tour viendra, ô lépreux de Maré...
Pour partir à Bélep, pour partir à Bélep.
*Ref. :* Oh, malheureux, malheureux... etc.

III

D'étape en étape, de Maré à Canala,
De Canala à Houaïlou, de Houaïlou à Pouébo.
Là, c'était pour y chercher le Père Vila... (2)
Pour partir à Bélep, pour partir à Bélep.
*Ref. :* Oh, malheureux... etc. !...

IV

Nous voici arrivés sur ces pauvres rivages !
Nous tombons de fatigue et nous sanglotons...
Nous pleurons la Patrie dont nous avons été arrachés.
O parents et amis, nous voici loin de vous désormais.

*Refrain :*

Oh, malheureux, malheureux exilés !
Eloignés pour jamais, à Bélep abandonnés !
Rejetés de la Société — destinés à mourir
Ici — pour toujours malheureux... !

---

(1) Le petit vapeur chargé à cette occasion de transporter les lépreux.

(2) Un Père de la Mission Càtholique Mariste désigné pour être l'aumônier de la léproserie.

V

Adieu donc, vous, nos parents bien-aimés,
Et vous tous, amis, et toi, terre de la Patrie,
Adieu !... Car c'est pour mourir ici dans la terre d'exil !
...O parents et amis, nous voici loin de vous désormais !
*Ref. :* Oh, malheureux,... etc.

VI

Nos visages, toujours plus ils se boursouflent,
Hélas ! lépreux nous sommes, et lépreux nous mourrons !
Mais le jour viendra, et nous ressusciterons.
Oui, nous ressusciterons, — glorieux pour toujours !

*Refrain :*

Bienheureux, bienheureux nous serons ;
Pour toujours dans le Ciel, près de Dieu !
Et toutes nos souffrances seront oubliées,
...Là-haut — pour toujours bienheureux !

A St-Louis du Sénégal : L'ancien Pont Faidherbe

# AVEUGLE ET LÉPREUX

Nous sommes dans la vieille colonie française du Sénégal.

Saint-Louis — la capitale — resserrée entre les deux bras du fleuve, trop sanglée dans son île étroite, déborde par ses faubourgs indigènes sur les rives voisines : Get' Ndar et Sôr.

Le soleil darde ses rayons et fait étinceler les murs blancs des maisons à terrasse, il jette ses flammes sur la surface miroitante du fleuve. Tout s'engourdit ; une somnolence générale envahit lentement gens et choses.

Même l'effervescence du marché indigène s'apaise ; les dernières marchandes wolowes passent, emportant sur leur tête leurs calebasses pleines d'arachides ou de poissons.

Elles ont la démarche lente, leur corps ondule mollement, leurs babouches traînent sur le sol.

A l'angle d'une rue, un aveugle au corps décharné, aux paupières vides, égrène encore — sans doute par habitude, car nul ne prend garde à lui — sa cantilène nasillarde.

Quelques fonctionnaires en retard, se hâtent vers leur bureau, rasant les murs, cherchant l'ombre.

Tête nue, les cheveux ondulés retombant sur les épaules, drapé dans un pauvre boubou — qui fut bleu et qui reste gris — un Maure passe, conduisant ses chameaux. Les bêtes sont lourdement chargées, elles ont le balancement lent et lassé de la longue étape franchie ; elles portent la pauvre livrée jaune-engrisée des hôtes du désert

Homme et bêtes passent avec un bruit de pas feutrés, et la rue devient cette fois tout à fait déserte.

Les persiennes closes, les stores baissés,... la ville se recueille.

Aucune brise n'agite plus, ni les palmes rigides des dattiers, ni la fine ramure des filaos.

Au loin la mer étincelle comme en un gigantesque embrasement et tout bruit s'est tu.

... C'est l'heure des somnolences et des miroitements.

J'ai été voir un ami ; je regagne ma demeure par les rues désertes.

Tout dort.

J'arrive à l'angle de la place.

Là, l'ombre dense d'une maison plus haute a groupés de petits aveugles et quelques chiens galeux. Ils dorment dans un pêle-mêle étrange et... fraternel. C'est un assemblage, un entrelacement de jambes, de bras, de têtes crépues. C'est un groupe bizarre et pittoresque, une vision orientale faite pour tenter l'œil d'un peintre.

Je m'arrête.

Ils sont là cinq ou six gamins de huit à quatorze ans. Leur corps est sans doute plus habitué au sable et à la poussière des rues qu'à l'eau du fleuve. Et pourtant j'admire ces corps aux lignes pures, ces membres qui doivent être merveilleusement souples, et que n'enserra jamais, certes ! un vêtement trop étroit.

Quelle tristesse que les yeux soient clos !

Depuis quand ?... dès longtemps sans doute.

Car les ophtalmies des tout petits, purulentes et mal soignées, font, en ce pays de lumière ardente et de misère physique, de si grands ravages !

Mais,... oh, surprise douloureuse !... harcelé par les mouches, un tout petit porte ses mains à son visage...

Que vois-je ?... les doigts manquent, il ne reste que de pauvres moignons !

Maintenant qu'il a chassé les mouches, il se retourne à demi et il se rendort...

Que vois-je encore ?... là, sur son petit dos, si svelte et si gracile... des taches de lèpre !

..........................................................

Je m'éloigne, l'âme ulcérée !

... Comme si ce n'était pas assez d'être aveugle !

Alors !... où que j'aille, dans quelque lieu que se portent mes pas, la lèpre encore, la lèpre toujours ! Chez les vieux, chez les jeunes, chez les tout petits même — innocentes victimes...

Car je suis à peine arrivé sur cette terre d'Afrique et voici, il faut que je la rencontre encore... comme je l'ai rencontrée en Océanie, en Europe, aux Indes ! Mon Dieu, mon Dieu !... qui nous délivrera ?

... Qu'ils soient bénis du Père céleste, ceux qui feront de cette cause... leur cause, de cette souffrance... leur souffrance, et de ce but... leur but : *guérir la plaie de la lèpre !*

# EN MARGE DE LA VIE

— Y a-t-il des lépreux ici ?

Telle était la question que je posai à un Blanc, habitant la ville coloniale de St-Louis-du-Sénégal.

Nouveau venu dans la Colonie, fraichement débarqué, je cherchais à m'orienter, à me documenter.

— Des lépreux ?... Attendez...

Et mon colonial eut un geste vague comme pour rappeler un souvenir lointain.

— ... Oui, je crois. Il doit y en avoir quelque part, là-bas, derrière le cimetière. Oh, quelques-uns seulement.

## I. PLUS LOIN QUE LES MORTS

Dès que j'eus un moment de libre, je me dirigeais... « là-bas, quelque part, derrière le cimetière ».

Mais je passai d'abord chez M. N., notre évangéliste du faubourg de Sôr — car, avec lui, j'aurai un bon interprète.

Sôr : on traverse le Pont Faidherbe, on oblique à gauche et, à quelques centaines de mètres de là, par des chemins sablonneux, à travers le village indigène, on arrive à la maison du pasteur noir. Connaissant très bien le français, parlant couramment le wolof, quoique originaire de Gambie, M. N. sera un interprète parfait.

De la maison du pasteur, il y a 10 minutes à peine jusqu'au cimetière.

Les cimetières coloniaux... hélas !

Que de tombes ! Et quel oubli les enveloppe !

C'étaient pour la plupart, des hôtes de passage, des coloniaux morts à St-Louis et déposés ici.

Les Blancs, ils passent en Afrique, leur patrie est ailleurs. Les hasards de la carrière coloniale ; le va-et-vient des soldats et des officiers hôtes d'un jour ; les commerçants à la merci des affaires et du gain plus facile ; eux tous n'étaient ici que comme à l'étape du soir, et la mort est passée dans la nuit.

Les épidémies — la fièvre jaune autrefois — ont fauché largement leur proie et ils dorment côte à côte, tous ces Européens, dont jamais personne ne viendra fleurir la tombe.

Du reste, l'implacable soleil du Sénégal dessèche tout, l'eau est rare. Il ne pleut jamais entre deux saisons des pluies — c'est à dire pendant 7 à 8 mois.

Seuls quelques grands flamboyants décharnés tendent vers le ciel leurs branches, dépourvues de feuillage en cette saison. D'énormes lézards se chauffent au soleil ; dérangés dans leur sieste, ils se faufilent dans les sépulcres entr'ouverts.

Les vautours fauves, ou « charognards », font entendre leur cri rauque et sinistre ; tourbillon funèbre, ils volent en grandes bandes au-dessus des tombes délaissées.

C'est triste lamentablement.

Mais allons plus loin.

Ici les abandonnés dorment ; plus loin d'autres abandonnés vivent encore. Allons vers ceux qui vivent.

⁂

*Plus loin que les morts,* par delà le cimetière, au milieu des dunes de sable, à deux pas du marigot saumâtre et fangeux, deux rangées de huttes en planches vermoulues... C'est ici.

Une maison sur pilotis, couverte en chaume, c'est la maison du gardien. Des deux côtés et jusqu'au mur du cimetière, une dizaine de ces pauvres abris en bois, dont quelques-uns, rongés par les termites, se sont effondrés ; les autres n'attendent pour fléchir à leur tour, qu'une bonne occasion.

Au centre quelques pauvres arbres sans feuilles. Et toujours le sable aride et brûlant où l'on enfonce jusqu'à la cheville.

Me voici dans la cité de misère.

J'appelle...

Mais ces malheureux hésitent à venir.

Ils se disent sans doute : — Ce Toubab (ce Blanc), que nous veut-il ?

Y a-t-il quelque chose à gagner ? Y a-t-il quelque chose à perdre ?...

Mon interprète les appelle encore, — cette fois dans leur langue — et ils viennent l'un après l'autre, péniblement.

Oh, cette arrivée !... Cette marche — non, cette traînée — de pauvres êtres estropiés, mutilés, boursouflés, défigurés, gangrenés...

Ça n'a pas de nom dans aucune langue humaine !

Il me semble la voir encore, cette jeune femme, aux traits réguliers, au regard intelligent, mais aux extrémités si rongées de lèpre, que les jambes s'arrêtaient aux genoux, et qui marchait pourtant encore — par quel miracle d'équilibre ?... je ne saurais l'expliquer — dont les bras, informes moignons rabougris et sans mains, tenaient serré sur sa poitrine un pauvre petit bébé de quelques mois. Et trois autres jeunes enfants, s'accrochaient à elle et la suivaient, contaminés eux aussi par la terrible maladie.

Maintenant, voici, ils étaient tous là devant moi... Oh, cour des miracles, oh, vision d'épouvante !... il ne manquait vraiment ici que le Christ des miséricordes et des pitiés infinies.

O, Maître bien-aimé, j'eusse saisi le bord de ton vêtement et, à genoux sur le sable brûlant, j'eusse balbutié, dans une prière ardente et douloureuse, tout ce que je ressentais d'impuissance et de pitié !

## II. VIVRE !

Qu'il est donc difficile de secourir !

Après de multiples démarches demeurées infructueuses, car elles se heurtaient toujours à la réponse connue : — « Il n'y a pas de crédit ouvert dans ce but », je pus enfin aboutir, et cela grâce à l'insistance personnelle de deux docteurs de mes amis. Je fus autorisé à offrir *gratuitement* une certaine quantité de médicaments, pour que les lépreux de Sôr pussent être mis au bénéfice du traitement par le chaulmoogra.

. . . . . . . . . . . . . . . . . . . . . . . . . . . . . . . . . . . . . . . . . . . .

Je pus, avant mon départ du Sénégal, retourner encore une fois auprès des pauvres abandonnés.

Entre temps, la confiance avait grandi. A mon appel, ils vinrent aussitôt. Et je leur parlai comme à de vieilles connaissances, comme à des amis.

Je leur fis part de la décision : ils allaient être soignés, ils auraient gratuitement de la médecine. Mais il leur faudrait être réguliers, persévérants, *vouloir* guérir.

— Voyons ! leur dis-je, voulez-vous vivre... ou mourir ?

A ces mots, un jeune homme se dressa brusquement, — pauvre être défiguré, horrible à voir ! — il fit quelques pas vers moi, les yeux hors de la tête et, d'une voix rauque, haletante, cria par deux fois : — « Vivre ! vivre ! »

⁂

Le soir venait ; l'occident s'auréolait d'une merveilleuse lumière comparable à de l'or en fusion.

Je pris congé. Les lépreux me suivirent jusqu'à la barrière.

Ils m'accompagnaient maintenant de leurs adieux. — « Allah vous bénisse ! — Allah vous donne sa paix ! — Merci, merci !... La paix vous accompagne !... »

Je me retournai.

Dans cette poussière d'or que le soleil jetait sur toutes choses, le groupe des pauvres lépreux m'apparut comme transfiguré.

Disparues les boursouflures, atténuées les mutilations et les plaies. Les visages s'éclairaient d'une lumière céleste...

« Vivre ! vivre ! » avait clamé le pauvre lépreux difforme.

.........................................

Il viendra le jour où la vie triomphera, où « la mort ne sera plus ! »

Et lorsque se lèvera l'aurore éternelle, « nos corps corruptibles revêtiront l'incorruptibilité » et « nous porterons l'image céleste ». (1 Cor. 15, 49-54).

Village Sènegalais

Enfants de Pont-de-Khor

# L'IDÉE DES « GOSSES » DE PONT-DE-KHOR [1]

C'était Samuel Vauvert, l'instituteur de Pont-de-Khôr, qui m'avait accompagné lors de ma dernière visites aux lépreux de Sôr.

C'était lui qui, ce jour-là, m'avait servi d'interprète.

(1) Pont-de-Khôr, village indigène à 3 km. de St-Louis où l'influence chrétienne prédomine.

J'avais remarqué son émotion.

Lorsque nous avions ensemble regagné la grand'route, il n'avait pas prononcé un seul mot, mais sa poignée de main, au moment de la séparation, trahissait le trouble de son cœur.

⁂

Le lendemain matin, — c'était un lundi — dès la première heure, me parvenait une lettre. Elle était de Samuel.

« Missionnaire,

Je n'ai pu fermer l'œil de toute la nuit. Mon esprit était agité...

Comment se fait-il que nous habitions en face de ces pauvres gens, (les lépreux) et que nous ne pensions jamais à eux ?

Nous avons été coupables... Oh, quelles souffrances, quel abandon, ô mon missionnaire !

Votre..... »

Samuel commença sa classe ce matin-là, tout ému encore des visions de la veille. Il ne put s'empêcher d'en parler aux enfants de l'école.

Il dût y mettre son cœur, et toute l'émotion fraternelle dont ce cœur déborde, car, une fois la classe finie, les garçons de l'école, au lieu de se disperser bruyamment comme de coutume, restèrent silencieux. Ils s'en furent en un coin ombragé, s'accroupirent sur le sable...

Les voyez-vous, ces « gosses » demi-nus ; vêtus de misérables hardes... Les voyez-vous groupés et complotant sous un manguier à l'ombre épaisse. Ce qu'ils disent les rend très sérieux, ce qu'ils vont faire aussi...

⁂

Trois jours après, rayonnant, S. Vauvert venait me trouver :

— Missionnaire, ces enfants,... ils sont meilleurs que nous !

Savez-vous ce qu'ils ont fait ?...

Ils ont décidé entre eux de faire *une collecte pour les lépreux !*

Comment ont-ils pu trouver de l'argent ?... je ne puis le comprendre.

Eux, des sans-le-sou,... ils m'ont apporté ce matin 7 fr. 65 !

Les voici.

Ils ont dit : « C'est pour qu'on soigne les lépreux. »

N'est-ce pas magnifique !...

— Samuel, dimanche, tu diras cela à l'église.

Ce sera un stimulant pour les vieux chrétiens, Blancs et Noirs.

... Oui, tu diras ce qu'ils ont fait, ces bons petits « gosses » de Pont-de-Khôr.

Il faut qu'on le sache !

Un baobab

# « UN TOUBAB A EU PITIÉ DE MOI »

Un train quotidien relie les deux villes coloniales : Dakar et St-Louis du Sénégal. Les minces rubans d'acier parcourent le Cayor sur une longueur de 360 kilomètres. Le petit train s'en va courageusement de station en station, dans un pays presque désertique à cette saison de l'année, car nous sommes en février.

Mais il lui faut bien 11 à 12 heures d'efforts désespérés, de trépidations, de sauts, — presque de gambades — pour parvenir au point terminus, mais il y arrive... généralement !

— Rien d'original, rien de pittoresque comme une gare du Sénégal ! Tous les types, toutes les races de l'Afrique Occidentale, tous les costumes, toutes les langues.

Pour les indigènes c'est une fête à nulle autre pareille qu'un parcours en wagon. Aussi s'établissent-ils de préférence, non à l'intérieur, mais au dehors, sur tout ce qui permet de s'agripper, le plus petit point d'appui suffit. Et alors, boubous, robes et écharpes multicolores flottant au vent, ces petits wagons qui passent semblent endiablés. C'est comme une chevauchée de carnaval dans les dunes de sable, à travers la pauvre brousse rabougrie sous l'ardent soleil tropical.

Les petits bergers, nus et bronzés, accourent avec leurs chiens ; les veaux se sauvent la queue en trompette. Les énormes baobabs chauves regardent passer cette sarabande insensée ; les rôniers indifférents dressent dans le ciel leur bouquet de palmes, tandis que, épouvantées, s'envolent des bandes de pintades sauvages.

....................................................

Encore quelques minutes et le train va partir. Les wagons sont remplis d'une foule grouillante, et cependant, il arrive encore des retardataires...

Où donc les casera-t-on ?

Mais je puis me rassurer : L'homme est, de par sa nature, compressible à merci, et quand il s'agit d'indigènes... c'est illimité.

Je suis venu pour remettre en mains sûres quelques médicaments que je destine au docteur qui a charge des lépreux de St-Louis.

Ma démarche faite, je reviens, longeant le train. Des grappes humaines à chaque marchepied.

Tout à coup, au milieu de ces hommes qui luttent pour une place, — des blancs, des métis, des noirs, — je crois même y avoir vu des jaunes aux yeux bridés, j'aperçois *un lépreux*.

C'est un jeune homme de 18-20 ans peut-être. Oh, le « facies » lépreux très caractérisé ; il n'y a pas à avoir le moindre doute : les poils se raréfient, les arcades sourcilières sont dégarnies et protubérantes, le nez est empâté, les lèvres sont boursouflées et luisantes, les oreilles à l'avenant...

Je continue mon chemin... Qu'ai-je à faire là ?

C'est un inconnu dans une foule d'inconnus ; c'est l'étranger dans le grouillement d'autres étrangers qui passent et vont disparaître.

... Et pourtant j'ai un remords au cœur.

(« N'es-tu pas le gardien de ton frère ?... »)

Non ! je ne connais pas cet homme !

C'est un indigène dont la langue m'est inconnue. Et du reste, le train a déjà sifflé, il va partir...

(« Reviens ! retourne sur tes pas... c'est ton frère ! »)

La voix intérieure est parfois bien ennuyeuse ! Mais elle est impérative aussi, elle oblige.

Je retourne sur mes pas. Je retrouve l'homme au masque hideux.

— Tu es malade,... le sais-tu ?

(Il comprend un peu de français).

— Oui, dit-il.

— Sais-tu que la maladie que tu as est terrible, qu'elle augmentera, qu'elle paralysera et mutilera tes membres, que tu ne seras, d'ici quelques années, qu'une pauvre épave, un objet de répulsion et d'horreur ?... Où vas-tu ?

— A Rufisque.

— Mais, *il faut* te soigner, tu peux te guérir.

... Il secoua la tête.

— Oui. Tu peux et tu dois te soigner.

Il rit d'un rire embarrassé, au milieu des autres qui écoutent et le regardent.

— Sais-tu ? j'ai pitié de toi. Je veux te préparer une médecine qui te soulagera, qui te guérira peut-être, si c'est la volonté d'Allah.

Je la déposerai à Dakar, chez un docteur.

Elle ne te coûtera rien, rien du tout... que la peine d'aller la chercher. Tiens, voici l'adresse...

Et je griffonne le nom du docteur sur ma carte de visite.

Craignant qu'il n'ait mal compris, je répète mes paroles et je les fais traduire par un autre indigène qui, lui, a très bien saisi ce que j'ai dit.

— Vois-tu, j'ai pitié de toi.

Je t'ai vu au milieu de la foule et tout de suite j'ai eu compassion.

... Il continue à rire d'un rire bête.

Le train lentement s'ébranle. Et alors, saisi d'une intense pitié, je lui crie encore :

— C'est la première et sans doute la dernière fois que je te vois, je te supplie de te soigner. Dans quelques années. ce ne sera plus temps, et alors, désespéré, condamné, tu diras : — « Un Toubab (un homme blanc) a eu pitié de moi... et moi je ne l'ai pas écouté ! »

.................................................

Le train est parti.

Les boubous multicolores flottent au vent, les cris, les chants se mêlent aux sifflements de la machine, puis tout disparaît au loin dans un tourbillon de poussière et de fumée.

.............................................................

Les semaines, les mois ont passé, le jeune lépreux n'est jamais allé réclamer les médicaments préparés à son intention... Pauvre jeune homme !

... Qu'est-il devenu ?

UN VILLAGE SÉNÉGALAIS

Dans les Iles Océaniennes

# POUR LE CHEF !

NULLE ombre n'abritait le pauvre chemin qui, de Wakouarory conduit à Ménakou. Le soleil était de feu. Aucun souffle d'air n'agitait les feuilles des buissons, clair-semés dans la plaine.

Arrivé près de Boné, comme je jetais un coup d'œil sur les cases disposées à quelques cinquante pas à gauche de la route, je vis Zéréïa, — Zéréïa le lépreux.

Je descendis de cheval, j'allai vers lui.

Il était assis sur une large pierre plate et, comme un lézard, se chauffait au soleil.

— Bonjour !

— Bonjour, Missi !

— Eh bien, comment vas-tu ?

— Comme ci, comme ça. Pas plus mal.

J'ai travaillé. Tu vois, maintenant, je me repose.

... Et la conversation continua ainsi un instant.

..............................................

Pendant que nous causions, j'aperçus la main gauche de Zéréïa : deux doigts manquaient presque totalement.

— Dis moi, Zéréïa ! C'est la lèpre qui t'a ainsi rongé

deux doigts de la main ? C'est curieux que tous les autres doigts aient été préservés !

— La lèpre ! Non, Missi.

Ces deux doigts, je les ai donné *pour le chef.*

...Et Zéréïa se redressa dans une attitude de joie et de fierté.

— Comment... « pour le chef » ? Je ne comprends pas.

— Ecoutez, Missionnaire :

Il y a bien longtemps de cela !

Nous étions jeunes et... nous agissions comme des jeunes. Nous étions donc une joyeuse bande de jeunes gens qui avions comploté d'aller voir la ville des Blancs, la ville de Nouméa, en Nouvelle-Calédonie. Pour cela, nous nous étions assurés d'un côtre (petit voilier ponté qu'affectionnent les indigènes des îles Loyalty) et le fils du grand chef devait venir avec nous.

Le côtre était bien un peu vieux, mal radoubé... Est-ce qu'on regarde à cela quand on s'est mis dans la tête de partir ! Du reste, — et c'était l'essentiel — comme pilote, nous avions un vieux loup de mer.

Nous partîmes donc.

La mer était un peu dure, mais rien ne faisait présager ce qui devait arriver durant la nuit.

Une nuit terrible, ô Missi !

Une vraie tempête, une mer déchaînée dont les vagues sans cesse balayaient le pont.

Tout de suite nous eûmes peur.

Non pour nous, mais pour le chef.

En bas, par les planches disjointes, l'eau entrait comme chez elle.

— Un homme à la pompe ! cria le pilote, qui s'était fait attacher à son poste de barre sur le pont.

Aussitôt je m'offris.

Pour plus de sécurité, on voulait m'attacher moi aussi.

— Non ! dis-je. Laissez-moi, je saurai bien me cramponner à quelque chose.

En effet, je finis par trouver deux trous dans une traverse, près du mât ; j'y fis pénétrer, quoiqu'avec peine, l'index et le majeur de la main gauche.

Ainsi agrippé, je pompai de la main droite, je pompai sans relâche, de toutes mes forces.

. . . . . . . . . . . . . . . . . . . . . . . . . . . . . . . . . . . . . . . . . . . .

Le pilote : — Zéréïa !... Ça va ?

Et moi : — Ça va, capitaine. Ça va !

Les vagues passaient, le vent sifflait, les embruns me souffletaient au visage. Je ne voyais plus rien que, par moment, des éclairs aveuglants.

. . . . . . . . . . . . . . . . . . . . . . . . . . . . . . . . . . . . . . . . . . . .

— Zéréïa, peux-tu tenir ?

— Je tiendrai, Capitaine !

Quelles heures, Missi ! Quelle nuit !

Ils ne devaient pas en mener lourd, les autres, dans la cale ! Tout était calfeutré, tous les panneaux clos ; Pauvres gars !

. . . . . . . . . . . . . . . . . . . . . . . . . . . . . . . . . . . . . . . . . . . .

— Zéréïa !... veux-tu qu'on te remplace ?

— Non, Capitaine. Non !

— Mais c'est qu'il s'agit de sauver le chef, Zéréïa !

— Pas peur, va ! Je tiendrai. *C'est pour le chef !*

.................................................

Enfin le jour parut !

Nous pûmes nous faufiler à travers la passe de la Havannah. Nous étions sauvés !

— Mais, Missi,... mes pauvres doigts !

Ils n'en revinrent pas.

On eut beau faire, il fallut les sacrifier...

N'importe, je ne les ai jamais regrettés, car *c'était pour le chef.*

« ...une plage minuscule... et de grands araucarias... » (p. 86).

# LES DEUX SOUS DE TAFOÏTA

Un jeu simple et charmant dédié à toutes les petites filles qui jouent au bord de la mer.

Il faut : un tas de sable propre et une petite coquille blanche.

Quelques fillettes — au besoin quatre peuvent suffire — s'établissent en cercle autour du tas de sable.

Elles font choix d'une reine.

Celle-ci prend la coquille blanche, frappe dans ses mains en disant : une, deux, trois ! A trois, toutes les fillettes se retournent. Alors la petite reine cache soigneusement la coquille blanche dans le tas de sable.

Cela fait, elle bat encore une fois des mains : une, deux, trois !

Toutes se retournent et, fiévreusement, se mettent à chercher...

Pendant ce temps, la petite reine compte jusqu'à 50 — jusqu'à 100 peut-être — aussi vite qu'elle peut compter.

Celle qui trouve la coquille *avant* que soit prononcé le chiffre convenu, devient reine à son tour. Dans le cas contraire, c'est la première reine qui prolonge son éphémère royauté.

Et voilà. C'est tout simple et très joli.

C'est ainsi qu'avec ses amies s'amusait, sur la plage de Tadinou, Tafoïta, une petite fille indigène.

Elle pouvait avoir 10 ans.

Elle était « reine », pensez donc !

Aussi ne voyait-elle rien autre que son jeu et sa coquille blanche.

C'est ainsi qu'elle n'avait pas aperçu deux messieurs — des Blancs — qui, passant sur le chemin tout proche, s'étaient arrêtés et cherchaient à comprendre les règles du jeu.

Tout à coup l'un d'eux s'approche... La fillette lève la tête, l'aperçoit et... veut s'enfuir.

— Non, non ! Ne t'en va pas. Reste, fillette.

Et se tournant vers son compagnon, il lui dit : — Elle est malade, cette enfant. Voyez-vous ces taches de lèpre. Il faudra l'isoler.

— Comment t'appelles-tu ?

— Tafoïta, dit-elle... et des larmes coulaient sur ses joues brunes.

L'un de ces Blancs était un docteur de passage, l'autre était le « Commandant », ou Délégué du Gouverneur, chargé de l'administration de l'île.

Le Commandant fit appeler le chef du village :

— La petite fille nommée Tafoïta est lépreuse. Pourquoi ne me l'as-tu pas dit ?...

Veille à ce qu'elle soit isolée. Va !

Le chef a fait le salut militaire et il s'en est allé aussitôt chez la mère de Tafoïta. Il trouva la mère et l'enfant accroupies l'une à côté de l'autre, sanglotant doucement.

— Je te l'avais bien dit de te cacher lorsque le Commandant viendrait à passer !... On va nous séparer désormais...

— Néné, — mère — je ne l'ai pas vu venir, je t'assure.

.................................................

— Il faudra éloigner Tafoïta, dit le chef. C'est l'ordre du Commandant.

— Laisse-la moi jusqu'à lundi, veux-tu, Chef ?... Je dois lui préparer une robe, faire un repas d'adieu...

— Soit, dit le chef. Mais lundi, il faut qu'elle soit à Pédé.

(Pédé, un lieu d'isolement sur un cap rocheux, au bord de la mer, tout au sud de l'île.)

SIADANE, la mère de Tafoïta, a réuni ses quelques économies — elle est veuve — elle a cousu une robe, une jolie robe pour l'enfant.

Elle a été ensuite dans ses jardins de la brousse, elle en a rapporté des ignames (1), des patates, de la canne à sucre. On lui donnera du poisson, peut-être quelques cocos secs.

Avec tout cela, elle préparera ses « bouniâ » (gâteaux d'ignames) ; elle fera cuire sous la cendre quelques délicieuses « Koumala » (patates) ; elle apprêtera ses poissons avec des « sélats » (petits oignons)... Un vrai festin !

Le dimanche est arrivé.

Tafoïta a revêtu sa jolie robe bariolée. Elle est toute fière... Il faut si peu de chose pour réjouir le cœur d'une enfant de 10 ans !

---

(1) Ignames, tubercules qui sont à la base de la nourriture des indigènes, assez semblables à nos pommes de terre comme saveur et comme goût, mais de forme allongée et beaucoup plus gros.

Elle a couru ici et là dans le village, elle a été à l'école du dimanche une dernière fois, et maintenant... c'est le soir...

Chez elle — c'est-à-dire dans sa cour — les gens arrivent : de vagues parents, des voisins, et surtout de

petites amies. Enfin, voici le « Nata » (pasteur). C'est lui qui bénira le repas. C'est lui qui, lorsque la soirée sera avancée, après le chant de plusieurs cantiques familiers, ouvrira sa grosse bible et, à la lumière des « wapapalé » (chandelles faites de graines de ricin sèches, enfilées à une nervure de feuille de cocotier), lira un psaume et fera la prière.

Il demandera à Dieu d'apaiser ces cœurs ulcérés, de consoler la mère, de garder l'enfant ; peut-être ajoutera-t-il ces mots qui sont, là-bas, dans tant de prières :

... « Arrête parmi nous, ô Dieu, la plaie de la lèpre ! »

Il termine enfin par « Notre Père ».

Les voisins, les amis s'en iront l'un après l'autre. La mère et l'enfant resteront seules... Ainsi va la vie.

⁂

Le jour est venu ; la mère conduit sa fillette jusqu'à Pédé, dans la pauvre petite hutte qui désormais lui servira d'abri.

Il y a là une plage minuscule de sable fin, au milieu d'énormes rochers ; il y a quelques cocotiers rabougris et surtout de grands araucarias, ou pins coloniaux.

L'enfant trouve le charme de la nouveauté à sa nouvelle existence.

Elle est sa maîtresse à présent ; personne ne lui commandera ceci ou cela. Elle sera « reine ». mais toute seule, hélas !

Ce ne seront pas les trois ou quatre autres lépreux qui l'importuneront beaucoup ! A chacun sa misère, à chacun son fardeau.

Mais elle ira à la pêche, elle flânera sur le sable,

elle gagnera à la nage le minuscule îlot voisin, elle poursuivra les lézards, elle fera rôtir de grosses sauterelles qui viendront à propos ajouter un complément à ses modestes repas...

Vive la vie oisive et libre !

« ...le minuscule îlot voisin... »

Des mois se sont écoulés...

La pauvre robe, autrefois si jolie, maintenant fripée, déchirée, salie, n'a plus de forme et n'a plus de teinte.

Tafoïta en est préoccupée.

— Que ferai-je ? dit-elle.

... Ah, oui, je sais ! Quand la saison des pluies viendra, j'irai dans la forêt, je récolterai des champignons, je les ferai sécher au soleil, puis j'irai les vendre au marchand. Alors, avec cet argent... eh bien, j'achèterai une robe !

Elle danse sur un pied, elle danse sur l'autre...

— Oui, oui,... j'achèterai une robe !

Les champignons, une fois secs, sont devenus une toute petite chose, menue et légère !

Le marchand auquel Tafoïta les a apportés, là-bas, sur le chemin du village, n'a donné en échange que *deux sous.*

... Deux sous ! une grosse pièce de cuivre, sale et usée.

L'enfant la regarde, là, dans le creux de sa main et secoue la tête.

Elle n'est pas très forte en calcul, mais cette pièce brune ne lui dit rien de bon. Avec ça, comment acheter une robe ?

Alors elle reprend sa marche sur le sentier qui la ramènera chez elle et, tout en marchant, elle parle :

(C'est une habitude qu'elle a prise maintenant qu'elle est seule, toujours seule : elle se raconte à elle-même ses petits chagrins, elle discute ses projets, elle donne corps à ses joies éphémères).

— Qui me donnera une robe ? dit-elle. (La ko ré tcho laé kokoé so nou ?)

Et qui donc m'apportera à manger ?... sous-entendu : si un jour maman n'est plus là !

(La koré tcho laé kodarou so nou ?)

Elle va, elle marche et dit ces deux phrases comme une naïve complainte.

— La koré tcho laé kokoé so nou ?

La koré tcho laé kodarou so nou ?

Elle les chantonne même, sans s'apercevoir qu'un homme, jeune encore, et chargé d'un fardeau d'ignames vient derrière elle...

— Que dis-tu ?

Tafoïta a tressailli...

— Pourquoi donc demandes-tu : « Qui me donnera une robe ? »

Alors l'enfant raconte l'histoire : la robe usée, les champignons, le marchand, les deux sous...

— Veux-tu me donner ces deux sous, fillette ?

Tafoïta regarde l'homme,... elle hésite et enfin, confiante, les lui met dans la main.

Cet homme a été ému en entendant l'histoire de la fillette, et Dieu lui met au cœur une bonne pensée. Il marche, mais son cerveau et son cœur travaillent.

Une fois son fardeau déposé — car il a sa jeune femme malade, là, à Pédé, et c'est pour elle qu'il est venu — il reprend le chemin de son village.

Il y pense encore tout le long de la route, il compose un chant d'après le récit de l'enfant — une complainte plutôt — dont chaque couplet se termine par ces mots :

« Hélas, hélas ! qui donc me vêtira ?

Et quant à ma nourriture... qui donc aura pitié ? »

Arrivé chez lui, il en écrit les paroles. Je ne sais où il a bien pu dénicher l'air, mais il s'adapte admirablement au sujet. C'est un air simple, en mineur, d'une grande mélancolie.

Alors, la nuit venue, il se rend chez le « Natã » (pasteur) ; il le met au courant de ses projets et il

GROUPÉS POUR LE CHANT

sonne — il frappe plutôt — à tour de bras sur la cloche de bois qui sert à appeler les fidèles.

Il groupe les plus jeunes — jeunes gens et jeunes filles, même les enfants — et leur apprend « la complainte des deux sous »...

⁂

Nous voici au second jour de la grande fête annuelle des églises de Maré.

C'est dans une grande prairie, à l'ombre des cocotiers.

Le premier jour a été consacré à la prédication, aux discours officiels, à la grande collecte annuelle en faveur de la Société des Missions évangéliques de Paris.

Le deuxième jour a une allure plus spontanée, un programme plus libre : beaucoup de chants nouveaux, des discours pathétiques ou... amusants, des allocutions brèves et... plus ou moins intéressantes. Nos gens aiment à parler et aussi un peu à... s'écouter !

Tout à coup un jeune homme se lève, il s'approche de l'estrade ; je l'invite à y monter.

— Non, dit-il, je dois rester ici.

Alors, il lève la main droite et, nous montrant la fameuse pièce de 10 centimes.

— 'Ngé koméléï ? dit-il (Qu'est-ce que cela ?).

Les gens, intrigués, regardent.

— Deux sous, répond-on.

— Déko, dékolo ! (Non, pas du tout !)

Il insiste : — 'Ngé koméléï ?

. . . . . . . . . . . . . . . . . . . . . . . . . . . . . . . . . . . . . . . . . . .

— Vous n'y êtes pas ! Non, pas du tout !

...C'est une histoire.

Et cette histoire, nous allons vous la chanter.

Ecoutez !

La jeunesse se groupe autour de lui ; il a en main une fine baguette et dirige le chant.

Les gens sont intrigués, intéressés, ils écoutent dans un grand silence...

Une fois le chant terminé :

— Croyez-vous peut-être que c'est pour notre plaisir — ou le vôtre — que nous avons ainsi chanté ?

Non !... non ! vous dis-je, c'est *pour les lépreux*. Ils ont faim, ils souffrent, ils sont privés de tout. Pitié, oh, pitié pour eux !

Voici, nous allons répéter notre chant autant de fois qu'il y a ici d'églises représentées et, chaque fois, l'église pour laquelle nous le chanterons, viendra apporter ses dons pour les lépreux. Nous commencerons... par nous-mêmes.

Allons ! Donnez ! Donnez !

.............................................

Ce fut long ! 18 ou 19 fois ce même chant retentit. A la fin la foule le savait par cœur et le refrain était répété par tous :

« La ko ré tcho laé kokoé so nou ?

La ko ré tcho laé kodarou so nou ? »

Voyez-vous cette scène ?

Là, sur l'herbe, ce mouchoir ouvert, et l'argent — petites et grosses pièces — qui afflue. A côté, en un monceau qui s'élève toujours plus haut : des châles, des chapeaux, des vêtements de tous genres, des boîtes d'allumettes, des biscuits de mer, du tabac, des foulards, du poisson, une paire de souliers... que sais-je encore !

.............................................

Il y eut comme résultat de cette collecte improvisée, de quoi vêtir, nourrir et réjouir *87 lépreux*.

Quand la réunion fut terminée, la femme du missionnaire demanda à son tour à posséder la petite pièce. Elle confectionna une robe avec de l'étoffe aux couleurs vives, elle y fit une poche, y glissa les deux sous et l'envoya à Tafoïta.

⁂

S'arrêterait-elle ici, l'histoire des deux sous de la petite lépreuse ?...

Non, certainement pas !

Car VOUS, vous allez la continuer.

Vous avez très certainement compris ceci :

C'est que, quand ces deux forces — dont l'une s'appelle *l'Amour* et l'autre *la Bonne volonté* — se rencontrent dans le cœur d'un homme, elles font de lui un merveilleux ouvrier de Dieu.

Même si votre pouvoir est limité, souvenez-vous qu' « un grain de blé peut en rapporter cent autres » et que les deux sous d'une petite fille ont vêtu et nourri 87 lépreux.

Fais ce que tu peux,... c'est ta part. Dieu s'est déjà chargé du reste.

Dans la forêt africaine

Des mains mutilées... des mains de suppliantes.

# « ...POUR LES ENFANTS... DES AUTRES »

C'était dans la léproserie de Ha-athoua. Je parcourais les petits chemins — des sentiers plutôt — qui reliaient une hutte à une autre hutte.

Celle qui me conduisait était une femme de 40 ans environ. Grande, très droite, à l'allure ferme et décidée, elle avait même un air de distinction qui m'avait frappé tout de suite.

— Comment t'appelles-tu ?

.............................................

— Mais, vraiment,... es-tu malade, toi ?

(On évite autant que possible d'employer le mot terrible de lèpre. Cela les blesse inutilement. Ils le savent bien qu'ils sont lépreux !... pourquoi le leur répéter ?)

— Non, missionnaire, je ne suis pas... malade.

— Mais,... ne m'as-tu pas dit que tu habitais ici ?

— Oui, j'habite ici. J'y suis venue pour accompagner mes deux fils malades, car je suis veuve.

Longtemps, je les ai soignés, puis ils sont morts. Maintenant que j'y suis habituée, eh bien,... je soigne les enfants des autres.

Cela m'était dit avec tant de simplicité, comme la chose la plus naturelle qui fût au monde.

Je la regardai.

Une grande sérénité rayonnait sur ce visage.

Oui, dans ce cœur de femme et de mère, — éprouvé certes par la vie ! — il y avait un calme magnifique, une sorte de royauté qui la transfigurait.

.......................................

Je la retrouve dans mes souvenirs d'autrefois, l'humble chrétienne canaque ; je revois son visage éclairé de lumière intérieure ; je la suis par la pensée, allant de hutte en hutte, portant toujours sa petite flamme d'espérance, se penchant sur les abandonnés, fermant les yeux des mourants...

— « Je l'ai bien fait pour mes fils !

Je le fais maintenant pour les enfants... des autres ».

Après un cyclone

# « IL M'A ÉTÉ BON DE SOUFFRIR »

Un vrai chenapan, ce garçon-là !

Fils de chef, habitué à ce que tout pliât devant lui — même la volonté de ses parents.

Il était par nature porté au mal, il trouvait sa joie à faire souffrir les autres.

Que d'histoires ne racontait-on pas à son sujet !... mais à mi-voix, quand on était à l'abri d'oreilles indiscrètes, car c'était le fils du « Grand chef ! »

Avec cela d'une témérité sans égale. *Audaces fortuna*

*juvat* — la fortune favorise les audacieux — et c'était certes le cas pour ce jeune fou !

Cent fois il avait frôlé la mort, il y avait toujours échappé.

Il semblait vraiment que ni la terre, ni la mer, ni le feu ne le voulussent pour victime ! Il passait partout, il échappait à tout... même à la prison. Si on arrivait à l'y enfermer, il s'évadait le lendemain.

On pensa que l'exil sur une île éloignée en débarrasserait le pays — quel fameux débarras !...

Peine inutile ! Il vola une petite barque — coquille de noix sur l'Océan — et il reparut, la cigarette aux lèvres.

.............................................

Mais à force de mauvais coups, à force de multiplier ses débauches et ses folies, la lèpre inexorable vint.

Il résista, il se raidit.

On le soumit à de multiples traitements ; il essaya toutes les drogues... Peine inutile ! La lèpre le terrassa.

Et alors, comme c'était un fils de chef,... on le maria.

Hélas ! On le maria avec une jeune fille pleine de force et de santé !

... Ah, je sens encore une indignation me monter au cœur à ce souvenir !...

Mais les années passèrent.

Enfin !... On l'avait isolé....

Maintenant il n'était plus qu'une épave ; mais toujours il était tendrement soigné par sa mère, qui venait le voir souvent, qui passait des journées entières auprès de lui. Sa femme était, elle aussi, affectueuse et empressée à servir ses moindres désirs.

Et peu à peu son cœur changea.

Oh, on eut d'abord quelque peine à le croire ! Pourtant, c'était bien vrai. O. était devenu chrétien. Il cherchait à rendre quelques services, particulièrement aux autres malades.

Il regrettait surtout sa vie passée, il eût voulu pouvoir réparer tout le mal accompli en ses jeunes et folles années...

Enfin,... ce furent les derniers jours.

La foule des parents et des amis (les chefs ne manquent jamais d'amis !) vinrent s'établir autour de la hutte du mourant.

A plusieurs reprises, le jeune chef put rendre témoignage à son Sauveur. Il parla de sa joie, de sa paix et de l'assurance qu'il avait du pardon de Dieu.

— Dieu, dit-il, a très bien compris qu'avec une nature comme la mienne, il n'y avait rien à faire. J'étais indomptable. Une seule chose pouvait me terrasser et peu à peu me conduire au Sauveur : la terrible maladie. Autrefois, je l'ai maudite, cette lèpre. Aujourd'hui je bénis Dieu de m'avoir rendu lépreux.

... Oui, béni soit le chemin qui m'a ramené au Père ! *Il m'a été bon de souffrir.*

« ...dans l'air purifié des sommets... »

# CHEZ NOUS

## I. VISION D'ÉPOUVANTE

C'est « chez nous » que la scène se passe.

Chez nous, c'est-à-dire en Europe. (Je ne préciserai pas davantage.)

Nous sommes allés, ma femme et moi, voir quelques lépreux.

C'est un triste jour d'anniversaire. Et nous pensons à ceux qui ont donné leur vie pour la France... Du reste, la guerre effroyable dure encore. L'on n'ose pleurer, car il faut garder ses énergies et, comme les autres,... « tenir ».

Mais on peut aller vers ceux qui souffrent.

Et c'est là-haut, dans la montagne, que nous irons.

La journée, — une journée d'arrière-automne, — est calme, lumineuse, merveilleusement belle.

On éprouve comme un soulagement à monter, on se sent plus léger, l'air est si pur ! Tout ce qu'on voit semble regarder le ciel, se dilater dans la lumière.

..........................................

Mais même à cette altitude, dans l'air purifié des sommets, près des sources jaillissantes, l'homme reste l'homme, c'est-à-dire accessible à toutes les misères morales et physiques. Même ici nous trouvons la lèpre !

La jeune fille que nous sommes venus voir est absente, paraît-il. Mais les réponses sont indécises ; ceux qui les font sont gênés...

— C'est faux cela ! dis-je. On me trompe...

La jeune fille est ici. Je suis venu pour la voir. Je ne partirai pas sans l'avoir vue.

A force d'insister, un jeune homme — ancien lépreux lui-même, apparemment guéri — s'offre à nous conduire.

Et nous voilà partis à travers les pâturages, à la recherche de « Marie la lépreuse ».

.............................................

Oh, ce fut long !

...Enfin, nous apercûmes, à une certaine distance, un groupe de jeunes filles, gardant leurs troupeaux.

— Attendez-moi, dit notre jeune ami. Je vais la prévenir.

Il eut sans doute de la peine à la décider, elle se fit prier apparemment.

Enfin, elle se détacha du groupe et parut venir de nos côtés, puis... disparut !

Nous étions fort déçus lorsque, tout à coup, elle fut là, debout, à quelques pas de nous, hésitante...

Oh, vision du Dante en son Enfer !

Je crois avoir vu à peu près toutes les déchéances lépreuses qu'on peut voir...

Mais ici, c'était au delà de toute description.

Les mots sont impuissants et refusent leur service devant un pareil spectacle.

J'eus peur, vraiment peur.

Je compris alors pourquoi on s'était refusé à me mettre en présence d'une aussi effroyable déchéance physique.

Devant nous, les cimes étaient d'une blancheur immaculée, la vallée s'estompait dans une brume légère, le ciel était d'azur, et là — faisant tache à ce tableau de beauté, — une pauvre enfant des hommes : Marie la lépreuse !

Mais ce qui était peut-être plus triste encore, c'était ceci : depuis longtemps déjà j'envoyais gratuitement à cette pauvre jeune fille, — que je connaissais de nom, qui m'avait été recommandée — des médicaments, des lettres d'encouragement... et elle n'avait pas fait le moindre effort pour essayer de se guérir !

Les caissettes de médicaments étaient restées intactes. D'autres lépreux, tout près d'elle, avaient vu leur état s'améliorer, une guérison (apparente, en tout cas) se manifester. Et elle,... elle n'avait pas même essayé ! Nous l'encourageâmes, nous lui parlâmes avec bonté. Elle eut l'air de nous promettre d'essayer... Hélas, je crains bien qu'elle n'en ait rien fait.

...Mais je ne lui jette pas la pierre. Je sais que — particulièrement pour les lépreux — il faut un entourage sympathique. Il faut *porter* le malade, il faut *vouloir* pour lui, il faut constamment remonter les rouages de son être moral, avec amour et même avec tendresse.

Marie la lépreuse n'avait sans doute autour d'elle, aucun de ces auxiliaires précieux.

Peut-être n'avait-on à son égard qu'un désir : Qu'elle... disparut !

...Et c'est pourquoi ce jour-là, devant cette pauvre enfant, nos reproches se sont transformés en compassion.

## II. « MOI... BEAUCOUP CONTENTE »

Nous descendîmes dans la vallée.

Arrivés au petit village — une trentaine de masures — nous nous dirigeâmes vers la demeure d'un jeune homme, ancien lépreux, maintenant guéri.

Il fendait du bois.

Le marteau tombait à grands coups sourds sur le coin de fer qui, peu à peu, fendait le tronc de chêne.

Quel robuste, quel solide gaillard !

Mais on l'a prévenu :

— Albert !... voilà « ton Monsieur » !

Le marteau est vite lâché, il vient à nous, souriant ; puis aussitôt il appelle : « Mère, viens !... viens vite ! »

La mère — une petite vieille — a essuyé ses mains

au revers de son tablier. Elle est venue à nous tout émue, elle nous regarde avec des yeux émerveillés.

Elle ne dit rien, mais elle a comme un air de dire : « Les voilà, ceux qui ont aimé mon fils, qui l'ont soigné ! Eux,... des gens de la ville ! »

...Et alors, de ses mains calleuses de paysanne, de ses mains de mère surtout, elle nous caresse. Elle les passe sur nos bras, sur nos habits, avec des mouvements très doux.

Enfin, quelques mots montent à ses lèvres :

— « Moi,... beaucoup contente ! »

Brave femme, va ! Ta reconnaissance, pour être ainsi gauchement exprimée, n'en a été que plus éloquente. Elle nous a fait chaud au cœur.

C'est à nous à te dire : *Merci !*

Paysage tropical

A Maré : quelques lépreux

# UN REPAS CHEZ LES LÉPREUX

C'était près de Tawaïnèdre, une localité située dans l'est de l'île, à quelque 25-28 km. de la station missionnaire. . . . . . . . . . . . . . . . . . . . . . . . . . . . . . . .

J'étais là pour présider une communion de district... et j'y passai — voyage compris — deux jours pleins.

Mon temps était bien pris : entretiens particuliers avec les uns ou les autres, séances privées avec les natas et les dikona (catéchistes et conseillers paroissiaux), réunions publiques, école du dimanche, réunion de mission (1), service de Ste-Cène...

Vraiment il restait bien peu de temps pour visiter encore le petit groupe des lépreux en leur isolement, et leur faire un culte.

Cependant je cherchais à trouver une heure pour cela, lorsque je reçus une lettre d'eux :

« Missionnaire,

« Nous pensons que vous viendrez nous voir, comme « de coutume. Mais, nous vous en supplions : acceptez « de prendre un repas chez nous. Nous en serions si « heureux !...

« Venez quand le soleil sera là-haut (midi), vous « nous ferez grande joie. Car nous aussi nous voulons « faire quelque chose pour notre père.

« *Les lépreux de M.*

« *P.-S.* — C'est une amie du dehors qui portera les « ustensiles nécessaires (marmite, assiettes, fourchettes « et couteaux.) et qui préparera la nourriture.

« Nous, nous donnerons les fruits et les légumes de « nos petits jardins.

« Venez ! »

.......................................................

(1) « Réunion de mission... » Ce terme doit paraître étrange puisqu'il s'agit ici d'un champ de mission, et que tout y est « réunion missionnaire. » Mais n'oublions pas que l'Eglise est ici solidement constituée et que — comme chez nous — réunion de mission signifie : réunion où l'on parle des besoins des païens, des progrès de l'Evangile ; réunion où l'on prie pour l'évangélisation du monde. »

Lettre émouvante. Pensée délicate. Fleur de reconnaissance, éclose en une terre de misère et d'affliction, mais qui n'en avait qu'un parfum plus suave.

Que pouvais-je faire ?

Refuser... Oh, non ! Je n'en aurais pas eu le cœur.

Je fus donc au rendez-vous.

L'installation était charmante :

On avait élevé dans un joli coin de brousse, près d'orangers en fleurs, une sorte d'abri provisoire, surmonté de palmes pour préserver des rayons de soleil. Là une natte, une chaise (pas de table), et les aliments, dans de la vaisselle très propre, déposés sur la natte. Il y avait même dans un vieux pot, un bouquet de fleurs champêtres disposées avec goût et du plus joli effet.

Des ignames, du poisson froid, quelques oranges, une pastèque et un pain.

Quant aux lépreux, vêtus de ce qu'ils avaient de plus beau en fait de vêtements aux couleurs vives, ils étaient assis à quelque distance en une place qui leur était familière : à l'ombre d'un grand arbre.

C'était quand même un peu... distant.

J'en éprouvais comme de la gêne.

Eux là-bas... moi ici.

Eux avec une pauvre nourriture, moi traité en... voisin riche. Moi qui aurais dû les servir,... j'étais servi.

Mais il faut parfois savoir accepter de la part de

plus pauvres que soi, accepter avec grâce, accepter avec reconnaissance.

.........................................................................

Il m'est advenu en mes voyages d'être l'hôte des riches de ce monde. Je me suis assis parfois à des tables luxueusement servies... Elles ne m'ont jamais fait oublier que j'avais eu l'*honneur,* une fois dans ma vie, d'être l'hôte de pauvres lépreux.

Malgré tout... le sourire.

« Nous, les lépreux de Béthesda... »

# 63 fr. 45

C'est jour de fête.

L'immense temple est rempli jusqu'au dernier recoin et la foule déborde au dehors.

Les indigènes ont mis leurs plus beaux habits ; vraiment, quelques-unes de ces « dames » ont fort grand air !

Le moment est venu — solennel entre tous ! — où les « Natas » (catéchistes ou pasteurs indigènes), à tour de rôle, apportent sur la table le petit sac d'argent qui contient la collecte annuelle de leur communauté.

Cette collecte est destinée à la Société des Missions évangéliques de Paris.

Ils ont reçu, ils tiennent à donner.

D'autres se sont imposé des sacrifices pour eux, au

temps où ils étaient encore de pauvres sauvages païens; eux aussi maintenant veulent contribuer à l'évangélisation du Monde.

Il y a de la curiosité et aussi de l'émulation : Laquelle de ces 18 ou 19 églises aura le plus donné ?

Aussi est-ce au milieu d'un grand silence que chaque naṭa se lève à son tour, monte sur l'estrade, s'approche de la table, dépose la collecte de sa paroisse et en prononce le résultat.

Et là chaque nature se révèle :

Il y a les timides qui, sans se retourner, prononcent à demi-voix le chiffre fatidique,... d'autres, face à l'auditoire, fanfaronnent :

— 445 fr. et 75 centimes !

D'autres encore qui, avec un fin sourire et un petit mouvement de tête, annoncent, sans éclat, mais très distinctement :

— 285 fr. et 80 centimes !

⁂

Maintenant les petits sacs — témoins de bien des sacrifices — sont tous sur la table.

Le secrétaire va se lever et lire le total, qu'en hâte il a crayonné sur sa feuille de papier...

Mais quelqu'un s'avance...

Il a lui aussi un petit sac à la main — aurait-on oublié l'une des paroisses ? — ; il s'approche et, modestement, sans un seul mot, le dépose sur la table.

Le missionnaire le prend. Il y a là une petite feuille chiffonnée et retenue par la ficelle qui enserre l'ouverture du sac...

Voici ce qui y est écrit :

« Nous, les lépreux de Béthesda, en signe de reconnaissance, et avec les forces que Dieu nous a rendues, nous avons voulu apporter notre part à votre collecte.

« Nous ne pouvons être présents de corps avec vous ; nous assistons cependant à votre fête par le cœur.

« Voici 63 fr. 45. »

. . . . . . . . . . . . . . . . . . . . . . . . . . . . . . . . . . . . . . . . . . .

Il s'est établi un grand silence.

La curiosité de tout à l'heure a fait place à autre chose.

Plus d'un sans doute se dit en lui-même :

— Les lépreux ont fait cela, *eux !*

Ce que j'ai fait, moi, est bien peu de chose !

. . . . . . . . . . . . . . . . . . . . . . . . . . . . . . . . . . . . . . . . . . .

Alors, le missionnaire tenant à la main le petit sac et l'élevant aux yeux de cette foule, lit ces paroles de l'Evangile :

— Jésus, appelant ses disciples leur dit :

« Je vous le dis en vérité, cette pauvre veuve, elle a donné plus que tous les autres ; les autres, ils ont donné de leur superflu, elle, elle a donné de son nécessaire, tout ce qu'elle possédait, tout ce qu'elle avait pour vivre... » (Marc 12 : 43-44).

...En cette année 1909, il y eut au budget des recettes de la grande Société des Missions évangéliques de Paris, quelques petites pièces d'argent, récoltées sou après sou, par de pauvres lépreux reconnaissants.

Tirailleurs du Pacifique avec l'un de leurs missionnaires

# SOLDATS DE FRANCE

Dans les casernes Mirabeau, à Marseille, — les casernes où avaient été reçus les contingents russes venus en France pendant la Grande Guerre — étaient logés les Tirailleurs du Pacifique.

C'était là-bas, dans les lointains faubourgs de la grande cité phocéenne, face à la grande mer bleue.

Ils devaient se sentir un peu chez eux, ces pauvres enfants des rives ensoleillées du Pacifique, lorsqu'ils contemplaient cet horizon des côtes de Provence. Mais par contre, pendant les mois d'hiver, quand soufflait le mistral,... pauvres gens des tropiques !

Ils venaient de Tahiti — les îles enchanteresses —, ils venaient de la Nouvelle-Calédonie et des îles Loyalty. Ils étaient protestants pour la plupart, enfants des Missions évangéliques françaises. J'y avais « les miens » — quelque 70 — presque tous anciens élèves de mon école.

Aussi le cœur me battait-il bien fort, lorsque, par une soirée pluvieuse d'hiver, je fus passer quelques heures avec eux.

Les reconnaîtrai-je ?

Me reconnaîtront-ils ?

Comment sera cette rencontre des enfants de l'île lointaine avec leur missionnaire ?

.......................................................................

La nuit était sombre, je cherchais mon chemin, ne sachant comment m'orienter dans l'ombre, entre ces longs baraquements tous semblables.

Mais voici, un pas furtif, une ombre, une main qui cherche la mienne et une voix qui, au souffle, murmure à mon oreille :

— « Ilo, boua, ca Missi. » — Est-ce toi, ô mon missionnaire ?

(Comment la nouvelle avait-elle transpiré ? Comment pouvait-on savoir que j'étais là ?... Mystère. Ces noirs ont des antennes !)

— Oui, c'est moi. Mais toi, qui es-tu ?

— Boulango... (l'un de mes meilleurs élèves).

Nos mains s'étreignent dans la nuit.

Et lui, sans desserrer son étreinte, me conduit jusqu'à la longue baraque où logent les tirailleurs de Maré ; d'un coup d'épaule il ouvre la porte et à pleine voix cette fois, il crie : — « Méleï keï Missi ! » — le voici, notre missionnaire !

DEUX AMIS *(Boulango est à gauche)*

Un coup de canon n'eût pas produit plus de remue-ménage !

Ces soldats, à demi-assoupis par la fatigue — tout le jour ils avaient déchargé des bateaux dans le port de Marseille — et par la température attiédie de la grande salle, se sont levés ; d'un bond, ils sont autour de moi. Les exclamations se succèdent, joyeuses, affectueuses, confiantes : Kolo, kolo ni Missi ! — Oh, Missionnaire... missionnaire nôtre... Vous voilà ! Quel bonheur ! Quelle joie !...

J'avise un lit de camp, au centre de la pièce. Il y a là une étagère, des livres, une grosse bible en langue de Maré... C'est certainement la place du pasteur (car, un jeune catéchiste de chez eux les a accompagnés ; n'était-il pas juste et bon qu'ils eussent leur aumônier, eux aussi, les enfants des terres lointaines ?) Je m'assieds là. Ils m'entourent. Deux d'entre eux ont découvert des restes de bougies ; ils m'éclairent et me regardent avec de si bons yeux, avec des visages si épanouis que je serais tenté de croire qu' « ils me brûlent un cierge ! »

Et tous, à pleine voix, chantent plusieurs hymnes de chez eux : chants de joie, cantiques de reconnaissance.

C'est si bon d'être là !

Je prends la grosse bible. Je lis.

Un silence profond s'est fait. Je prie.

Maintenant la prière est terminée, mais le silence se prolonge On se regarde sans rien dire. Les cœurs sont tout entiers à l'émotion intérieure... Tout à coup l'un d'eux — un tout jeune — rompt le silence et dit d'une voix émue :

— On se dirait à la maison, ce soir !

« La maison ! » les souvenirs de là-bas... la petite patrie..., la pauvre terre lointaine, toute de roches madréporiques et de forêts... et pourtant, terre bien-aimée, car... c'est « la maison ».

« La maison !... les souvenirs de là-bas !... »

« On se dirait à la maison, ce soir ! »... et les souvenirs reviennent en foule : souvenirs de famille et d'école, souvenirs de pêches fructueuses, et de fêtes d'église.

.............................................

— Comment t'appelles-tu, toi ? Il me semble te reconnaître, mais il y a si longtemps !...

J'adresse ces mots à un grand et beau gars, debout devant moi.

— Comment, missi, vous ne me reconnaissez pas !... Kékéné. Kékéné de Hnawayatcha.

Kékéné !... J'hésite vraiment.

(Oui, un Kékéné de Hnawayatcha, que j'ai dû un jour éloigner de l'école parce que lépreux, un pauvre garçon malingre, pas très intelligent... Mais, celui-ci qui est-il ? Est-ce le même ?)

Et lui, voyant mon hésitation, la comprenant peut-être, ajoute en riant :

— Oui, Kékéné le lépreux. Vous vous souvenez bien !.

— Mais... comment se fait-il que tu sois ici ?

— Eh bien, c'est tout simple : vous vous rappelez que vous m'avez envoyé de la médecine... (Non, vraiment, je ne puis me le rappeler...)

...Alors j'ai suivi le traitement, les docteurs m'ont examiné, ils m'ont dit que j'étais guéri, bon pour l'armée et... je suis venu, *pour servir la France.*

Et il ajouta :

— Lui aussi du reste, le petit...

Et il prit un de ses camarades par les épaules et le poussa en avant.

Ainsi donc, ils étaient deux « rescapés » de la lèpre, deux Tirailleurs du Pacifique, sous l'uniforme, soldats de la France !

Emu, je les regardai, là, devant moi, et une parole d'ardente reconnaissance monta à mes lèvres :

Mon Dieu, merci !

⁂

Mais les longs mois et les années de guerre se sont succédés. Longtemps, ils ont eu la nostalgie du pays

STÈLE COMMÉMORATIVE
DES TIRAILLEURS CALÉDONIENS
MORTS POUR LA FRANCE

bien-aimé. Ils ont connu les tranchées boueuses, les longues marches sous la pluie, le froid des bivouacs, le frémissement des assauts et les bombardements assourdissants...

Un soir de l'été 1918 — c'était pendant les grandes offensives — nos tirailleurs se reposaient à l'arrière, près d'un feu de bivouac ; un obus tomba et éclata au milieu d'eux. Ils étaient 16, quinze furent tués !

Boulango seul, quoique affreusement blessé, put se guérir.

Les autres dorment dans la terre de France, et parmi eux, les deux lépreux « rescapés ».

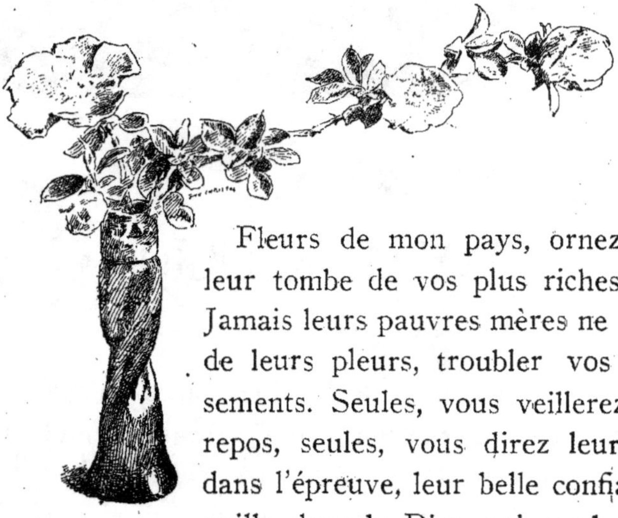

. . . . . . . .

Fleurs de mon pays, ornez et parez leur tombe de vos plus riches couleurs. Jamais leurs pauvres mères ne viendront, de leurs pleurs, troubler vos épanouissements. Seules, vous veillerez sur leur repos, seules, vous direz leur vaillance dans l'épreuve, leur belle confiance tranquille dans le Dieu qui garde notre vie à travers la mort.

Ceux qui dorment là sont retournés « à la maison », la maison éternelle, la maison du Père. Là, il n'y a plus de lèpre, plus de guerre, plus de nuit.

PANORAMA DE NOUMÉA
(Côté gauche)

# « ELLE EST BONNE, VOTRE RELIGION »

Chassé par les autorités de la ville, parce qu'atteint de lèpre, un jeune Européen s'était réfugié au milieu des tribus indigènes de l'île de Maré.

A vrai dire, c'était surtout auprès du missionnaire qu'il s'était rendu.

Mais, dans l'esprit des noirs, s'ancra tout de suite cette pensée : il est venu *chez nous,* donc il est *notre hôte.*

. . . . . . . . . . . . . . . . . . . . . . . . . . . . . . . . . . . . . . . . . . . .

Il est aisé de se représenter les pensées qui s'agitaient dans le cœur de ce jeune homme :

« Je suis repoussé par les Blancs. Je suis devenu pour eux pire qu'un pestiféré. Ma vie est irrémédiablement brisée. Je serai désormais sans asile, séparé des miens, loin du foyer... »

Aussi vécut-il — les premiers jours surtout — dans une sombre mélancolie.

Le missionnaire, inquiet à son égard, n'arrivait pas à le distraire. Aucun sourire ne parvenait à ses lèvres ; il cherchait la solitude, et demeurait de longues heures enfermé chez lui.

Mais un jour, les indigènes — qui s'étaient entendus de village à village — vinrent par groupes successifs lui apporter des fruits, du poisson, quelques volatiles, des ignames surtout (1).

Il me souvient encore de l'émotion profonde ressentie par le lépreux blanc, lorsqu'il vit arriver devant sa porte ce premier groupe de bons Samaritains. Il essaya de parler ; il ne le put et... il éclata en sanglots.

Comment ! Lui, que ses frères européens repoussaient,... il était accueilli par des Noirs !

Il va sans dire qu'aussitôt, les indigènes témoins de ses larmes, mirent en pratique la parole évangélique : « pleurez avec ceux qui pleurent. »

Un second groupe arriva le lendemain. C'étaient les représentants d'une paroisse voisine ; hommes, femmes, enfants, ils venaient à leur tour « aimer » l'étranger lépreux.

Quand ils eurent déposés sur le sol, devant lui, poissons et poulets, patates et ignames, oranges et noix de coco,... un vieillard lui adressa un petit discours qui revenait à ceci :

— Tu n'es plus étranger, car tu es chez nous.

Tu souffres, et parce que tu souffres, nous t'aimons. Tu as été chassé de la terre des Blancs, et voici, tu t'es réfugié auprès de notre père, le Missionnaire. Sois le bienvenu ! Tu es ici chez toi, nous serons tes amis et tes serviteurs. Que Dieu te bénisse !...

Le jeune Européen prit alors la parole pour remercier.

De la place où j'étais, je l'entendis qui disait, d'une voix tremblante d'émotion :

— Vraiment, je ne comprends pas ce que je vois ici ! Tout est pour moi sujet d'étonnement.

Vous ne me connaissez pas, et vous m'aimez.

Nous ne sommes pas de la même race, et vous m'aimez.

Nous n'appartenons pas à la même église (je suis catholique, vous protestants), et vous m'aimez.

Merci. Je suis vivement touché par tout ce que vous faites pour moi.

...Elle est bonne votre religion.

---

(1) Les ignames forment le fond de la nourriture des indigènes. Ce sont de gros tubercules allongés dont le goût et les propriétés nutritives rappellent beaucoup la pomme de terre.

Paysage océanien

# MON FILS ÉTAIT PERDU

C'était un lundi matin. La veille j'avais eu le « sanelo », ou service de communion de district.

J'avais hâte de rentrer, car sur la station missionnaire mes élèves, grands et petits, comptaient sur leurs leçons.

Comme je passais à proximité du village de T., j'entendis des appels et je vis aussitôt un homme courir dans ma direction, avec de grands gestes...

J'arrêtai ma monture et j'attendis.

Ah, le nata P. ! C'était lui.

Tout essoufflé par sa course à travers la plaine, P. me dit :

— Missionnaire, venez chez nous ! C'est jour de fête.

— Jour de fête ! lui dis-je. A quelle occasion ?

— ...Mais parce que mon fils était perdu et que je l'ai retrouvé ! Il était malade (lépreux), et il est guéri ! Venez, nous avons tué un bouc. Vous prendrez votre place à notre joie et à notre festin.

— Non, lui dis-je, je ne puis aller.

Vois, le soleil monte. Ce sera bientôt l'heure de l'école.

— Missionnaire, il le faut ! Il le faut !

...Pensez donc : quelle joie pour nous !

...Notre fils qui était perdu !

. . . . . . . . . . . . . . . . . . . . . . . . . . . . . . . . . . . . . . . . . .

J'eus de la peine à refuser. Je tins ferme cependant.

Alors le brave homme eut une inspiration : Attendez-moi, missionnaire ! Je cours et je reviens.

Il était déjà loin...

Quelques instants après il revenait, brandissant un gigot de bouc...

— Tenez, Missionnaire, il faut que vous ayez une part de notre joie !

. . . . . . . . . . . . . . . . . . . . . . . . . . . . . . . . . . . . . . . . . .

Une ou deux semaines plus tard, le jeune garçon « perdu et retrouvé » m'apportait lui-même une superbe calebasse, en signe de remerciements, « pour la médecine », ajouta-t-il.

...Et je la garde en bonne place, dans mon salon, cette curiosité de l'île lointaine.

*Curiosité,...* peut-être pour les autres, mais non pour moi. Elle m'est un témoignage certain de la reconnaissance que ces pauvres gens ont pour ceux qui les aiment.

Car plus un être est bas tombé, ou abandonné, ou condamné, méprisé, maudit... et plus il aime qui l'aime.

Aimer est clé royale ; devant elle s'ouvrent toutes les portes.

Aimer est semence divine ; là où elle tombe, les déserts fleurissent.

Aimer est le sceau de Dieu ; Dieu est amour.

LÉPREUSE !

# HMANI HMOULIMOULI

Chez les Canaques des Iles Loyalty, la coutume veut que les parents, au lieu de donner leur nom à leur premier enfant, adoptent le sien...

Ainsi Mélémélé et sa femme Hnawang, ayant un premier fils, décident de l'appeler : Wabet (Ilot). Mais du même coup, ils ne s'appellent plus Mélémélé et Hnawang, mais bien Tchétchéné Wabet et Hmani Wabet, c'est-à-dire : père de Wabet, mère de Wabet.

Même si l'enfant venait à mourir tout bébé, n'ayant que quelques jours d'existence, son nom leur resterait.

. . . . . . . . . . . . . . . . . . . . . . . . . . . . . . . . . . . . . . . . . . . . . . .

Ainsi s'appelait Hmani Hmoulimouli : mère de Hmoulimouli.

Celle-ci était une grande et grosse fille, internée dans la léproserie de Ajetch.

Elle était atteinte de lèpre nerveuse.

Ses mains et ses pieds étaient affreusement courbaturés, plus encore que ceux qui ont chez nous du rhumatisme déformant. C'est ce qu'on appelle avoir « les mains et les pieds en griffes. »

Impossible de saisir quoi que ce soit avec les mains. Quant aux pauvres pieds tordus, ils refusent leur service.

Tel était le sort de Hmoulimouli : 18-20 ans, et en être là,... quelle pitié !

Nous sommes en 1908. Le missionnaire va expérimenter sur une vingtaine de malades, le traitement par l'huile de chaulmoogra.

On a convoqué les parents de ces 20 lépreux, ils vont arriver, venant des 4 coins de l'île, le même jour, à la même heure, sur la station missionnaire.

C'est un moment émouvant et pour le Missionnaire qui va tenter une expérience nouvelle, et pour les pauvres patients qui l'attendent avec une si grande espérance !

...Car on a beaucoup prié pour cela dans toutes les églises.

Oui, on a pu dire en toute vérité, de cet effort vers la guérison des lépreux, qu'il était comme une plante précieuse, mais fragile, qu'on transplante avec amour dans un sol longuement et consciencieusement préparé.

En effet, les chrétiens indigènes, qui avaient tout d'abord institué un jour de jeûne, d'humiliation et de prière, ont ensuite porté cette requête à l'ordre du jour de chacun de leurs cultes.

Elle a été la supplication quotidienne des foyers où l'un des membres était lépreux.

Et voici, maintenant — avant de distribuer les premiers flacons d'huile médicale — on va prier encore...

C'est dans le sol de la prière qu'a germé la bénédiction. Aussi avons-nous pu appeler plus tard ce médicament : « Aïouni » — exaucé.

Les indigènes convoqués vont arriver...

Sur la véranda de la maison missionnaire, une femme attend, c'est Hmani Hmoulimouli.

— Que désires-tu ?

La femme se laisse tomber sur le sol et là, suppliante

— Missi ! oh, de grâce, Missi !...

— Quoi donc, que veux-tu ?

— Ma fille !... n'y aura-t-il pas de médecine pour elle ?

— Hmoulimouli est-elle inscrite sur la liste ?...

— Hélas !... Non, Missi.

— Alors,... Il n'y a rien à faire.

— Mon enfant ! O missionnaire, il faut que mon enfant soit guérie !

Hmani Hmoulimouli, a joint les mains, les larmes coulent sur ses joues...

La voyant ainsi, je ne puis résister...

— Ecoute — lui dis-je — reste dehors, près de la porte. Si par hasard, l'une des personnes attendues ne vient pas, toi tu auras sa bouteille de médicament. Je t'appellerai et tu entreras.

Quelques instants plus tard, nous étions réunis dans la salle d'école. J'avais fait l'appel,... sur les vingt parents attendus, un seul manquait. Ce fut avec joie que je pus dire : « Appelez Hmani Hmoulimouli. »

Elle entra,... dans quel ravissement !

Elle ne voulut pas s'asseoir ; par humilité elle s'accroupit dans un coin, mais, par contre, lorsque nous fîmes monter vers Dieu nos prières en faveur des lépreux qui allaient être mis au bénéfice du nouveau traitement, elle fut une des premières à prier. Quelle ardente supplication, quelles larmes, quelle foi ! (1).

.............................................

Oh, la prière d'une mère ! Que de fois le Sauveur ne s'est-il pas arrêté pour l'écouter et pour l'exaucer !

— Seigneur, nous prions, nous prions peut-être beaucoup ; cependant... *apprends-nous à prier !*

---

(1) Quelques mois plus tard, je pouvais constater moi-même chez Hmoulimouli une très grande amélioration.
Plus tard on l'autorisa même à se marier.

Lépreux... mais chrétiens (à Madagascar).

# HEUREUX, CERTES, ET COMBIEN RECONNAISSANT !

Depuis quelques temps, il n'était bruit que de lépreux améliorés et même guéris (1).

(1) Guéris — disons guérison *apparente*. Un long temps doit s'écouler pour qu'on puisse avoir la quasi-certitude de la guérison définitive et absolue. On peut cependant, et on doit se réjouir lorsque le malade est revenu à un état de santé normal,... même si *peut-être*, quelque part dans une partie de son organisme subsistent quelques bacilles en état d'inaction.

On allait plus loin : tous les signes caractéristiques de la lèpre ayant disparu chez certains malades, on ne pouvait comprendre pourquoi les Autorités ne les autorisaient pas à quitter la léproserie. Il y avait du murmure dans l'air...

Mais un jour, comme une traînée de poudre qui s'enflamme, une nouvelle se répandit à travers le pays : Un docteur était envoyé par le Gouverneur. Il visitait les léproseries...

Je m'abstins de paraître. A tous les points de vue, c'était plus sage.

Si, *à priori,* le docteur était favorable au traitement, ne pourrait-on pas m'accuser d'avoir fait pression sur lui ?...

Si, par contre, il était hostile de parti pris, mieux valait ne pas l'amener, par ma présence, à quelque verdict défavorable à l'égard d'un ou de plusieurs lépreux.

J'attendis donc patiemment les nouvelles. Mais elles me paraissaient lentes à venir...

J'étais inquiet.

..........................................

Voici qu'un soir, rentrant à cheval d'un village voisin, je débouchai tout à coup dans une clairière ; là s'offrit à ma vue un spectacle original :

Une vieille grand'mère portait, roulées sur ses épaules, des nattes et des couvertures.

Elle tenait par la main un jeune garçon, son petit-fils.

Plus loin, deux femmes marchaient appuyées l'une sur l'autre dans une attitude confiante et heureuse.

Près d'elles, une petite fille allait et venait, cueillant des fleurs et les apportant à sa grande sœur.

Les deux femmes, si tendrement unies, étaient mère et fille...

Plus en avant, ouvrant la marche, et conduisant un âne chargé... jusqu'aux oreilles, le père, courbé lui-même sous un lourd fardeau, marchait lentement.

Je le reconnus : c'était le diacre W.

Oh, un brave homme certes, un débonnaire, mais combien timide !

Et je compris aussitôt le pourquoi de cette caravane pittoresque :

La jeune fille — 16-17 ans — avait passé plusieurs années à la léproserie.

Ayant été déclarée guérie par le docteur, aussitôt toute la famille s'était mise en route pour aller la chercher. Maintenant on la ramenait en triomphe !

..........................................

J'arrêtai un instant le trot de mon cheval.

— Dikona W., es-tu heureux ?

Et lui, le cher homme ! avec un geste inimitable de timide qui, pour une fois, sous la pression intérieure, sort de sa réserve habituelle, fit un grand geste et à pleine bouche me cria :

— Kolo ni Missi, nidi opodone né tchi nidi orétoné !

Oh, mon missionnaire ! Heureux certes... et combien reconnaissant !

..........................................

Avant de rentrer dans le chemin bordé de hautes futaies, je jetai un regard en arrière...

Le soleil descendait à l'horizon, ses rayons obliques auréolaient cette scène de famille.

Oui, ils étaient heureux et reconnaissants... et je sentis moi-même une joie intense inonder tout mon être...

Dieu est bon.

JOURNÉE DE FÊTE

# ...DIRE MERCI

J'étais en tournée. J'avais parcouru à cheval une assez longue étape et, fatigué, j'arrivais au gîte où je devais passer la nuit.

J'ôtai donc la selle à mon cheval, et je le laissai aller. J'entrai dans la maison.

. . . . . . . . . . . . . . . . . . . . . . . . . . . . . . . . . . . . . . . . . . . . .

Voici, on heurtait doucement à la porte.

J'allai ouvrir. Je vis là, sur le seuil, trois jeunes femmes ; chacune portait un poulet.

— Oh, leur dis-je, je n'achète pas aujourd'hui. J'ai encore une longue course à faire demain. Je ne puis vraiment me charger de ces volatiles.

(Il est fréquent qu'à la veille d'une fête, ou d'une grande collecte, on soit ainsi sollicité par des vendeuses d'occasion. Ces poulets « poussent » un peu à l'abandon, personne ne s'en occupe. Ils sont du reste d'une maigreur qui correspond largement à leur bon marché.)

— Mais, Missionnaire, dirent-elles toutes trois ensemble,... vous ne nous reconnaissez donc pas ?

— Non, dis-je.

— Nous sommes Zoulia, Waoua et Naïtchéné.

— Ah, dis-je, c'est vous !... Mais comment êtes-vous ici ?

(Bien sûr,... je les connaissais ! Il y avait assez longtemps que je leur envoyais, dans leur isolement de lépreuses séparées de leurs familles, des vêtements, des vivres et des médicaments.)

— Voici, ont-elles ajouté : le « Commandant » nous a envoyé chercher pour passer la visite auprès du docteur. Celui-ci nous a examinées et nous a autorisées à rentrer chez nous. Nous sommes guéries. Alors nous avons voulu...

Elles n'ont pas achevé... D'un geste gracieux, elles ont posé leurs poulets sur le sol, devant moi, puis elles ont incliné la tête, elles ont joint les mains.

Et moi j'ai achevé la phrase commencée :

« *dire merci* »

.............................................

Le soleil vient de disparaître, et voici — comme il arrive sous les tropiques — aussitôt les premières étoiles s'allument au ciel, un ciel très pur. Sur nos têtes les palmes des haûts cocotiers, avec un bruissement très doux, s'agitent dans le vent du soir.

Comprenez-vous la beauté de l'instant qui passe ?

Dans cette nature apaisée, dans ce recueillement qui tombe du ciel sur toutes choses, voyez : ils sont là, ces quatre enfants des hommes, différents certes... et pourtant unis dans une même prière de reconnaissance et d'adoration.

Car... elles vont rentrer chez elles !

Celle-ci, elle est seule sans doute, mais il y a un père, une mère qui l'attendent.

Celle-là, elle n'était mariée que depuis quelques mois, et il a fallu renoncer au cher foyer...

Cette dernière, c'est non seulement le mari qui attend, mais encore les petits, — ces chers petits, qui, ce soir, vont nouer leurs bras autour du cou de maman...

Et vous comprenez que ce soit une minute exquise que celle où l'on dit : *Merci !*

Merci, mon Dieu !

Ton Evangile nous l'avait bien dit : « Allez ! prêchez, faites des disciples, guérissez les malades, ***purifiez*** *les lépreux*... » (Matth. I, 7-8), mais nous avons limité Ta puissance à la petite mesure de notre foi raisonneuse et timorée ; nous ne croyons en Tes paroles que si elles résistent à l'épreuve de nos petites compréhensions.

O Dieu, pardonne-nous et augmente notre foi !

# « J'ESSAIERAI... »

## LE MOT D'UN ENFANT

Le temps est calme, l'air est limpide, l'azur est intensément bleu.

La terre entière semble baigner dans l'innocence.

Surpris, le vent retient son souffle ; les insectes — bruisseurs et vagabonds par tempérament — font silence ; des perles scintillent à tous les brins d'herbe ; les oiseaux se taisent. Un grand recueillement plane sur toutes choses, et la terre, émue, est aux écoutes du ciel.

. . . . . . . . . . . . . . . . . . . . . . . . . . . . . . . . . . . . . . . . . . . .

Mais l'homme, lui, va son chemin, car il n'a ni le temps de s'arrêter, ni l'état d'âme propice à un tel recueillement. Il marche, et l'ombre le suit ; il heurte les pierres, et le bruit l'accompagne ; il passe, et les gouttelettes, épouvantées, se laissent choir ; les insectes fuient ; les oiseaux s'envolent...

Ainsi nous sommes !... des êtres d'ordre, d'action, les esclaves du devoir.

« Marche, esclave !... Marche ! »

Et j'allais mon chemin.

Ce chemin, tantôt s'enfonçait dans la forêt aux arbres séculaires et aux lianes retombantes ; tantôt coupait droit à travers une clairière aux maigres buissons, à l'herbe drue.

— Où vas-tu missionnaire ? me dit un indigène accroupi au bord du chemin.

— Je vais à W. Je dois y voir des malades...

.....................................................

Plus loin :

— Bozou Missi ! dit une voix d'enfant, là, au carrefour de deux sentiers.

L'enfant noir a les mains pleines de fleurs — de ces fleurs jaunes, au parfum pénétrant, rigides comme de la cire — dont il veut sans doute se faire un collier odorant.

— Bonjour, mon petit !

— Où vas-tu, missionnaire ?

— Je vais voir les « ouède kabari » — les lépreux. Tu sais bien : ces pauvres malades seuls, toujours seuls dans la forêt... Penses-tu à eux quelquefois ?

Subitement l'enfant a pris un air sérieux. Son regard

est devenu fixe, comme cela arrive quand « on pense en dedans », puis il a dit :

— Non,... seulement quand je suis malade.

— Mais alors... tu n'y penses *jamais !*

Car tu es jeune, tu es fort et en bonne santé, n'est-ce pas ?

Le petit a baissé la tête comme sous un reproche... Mais il la relève bientôt :

— Missi,... j'essaierai d'être malade !

.........................................................

Je reprends mon chemin.

Tout de même, ce bon petit bout d'homme !... il « veut essayer d'être malade » et alors, pense-t-il, la sympathie pour ceux qui souffrent lui viendra toute seule !

C'est très vrai cela.

Pourquoi faut-il que la santé soit ingrate et la joie oublieuse ?

Pourquoi la splendeur des journées printanières voile-t-elle les ruines, les abandons et les désespoirs tout proches ?

O Dieu, donne-moi un cœur qui sache jouir intensément de tes bienfaits,... mais qui sache aussi souffrir et prendre sa part des fardeaux sous lesquels d'autres succombent. Que moi aussi parfois — comme disait l'enfant — « *j'essaie d'être malade !* »

Une famille pastorale a Maré

# « JUSQU'A CE QUE... »

## LE MOT D'UNE MÈRE

Deux frères vivaient au même foyer. Un jour l'un des deux partit pour se rendre dans un pays éloigné.

Aussitôt la mère prit à tâche et à joie d'écrire à l'absent ; pas une semaine qui se passât sans qu'une longue lettre partit à son adresse.

Mais le frère demeuré au foyer ne se joignait jamais à ce geste d'amour...

Oh, ce n'était pas hostilité, ni même indifférence. C'était un simple renvoi de semaine en semaine, c'était tout bonnement *le devoir différé.*

La mère souffrait de cet état de chose.

Timidement elle disait à son fils :

— J'écris à ton frère aujourd'ui...

Mais son invitation restait sans écho.

.........................................

Enfin, elle prit une grave résolution (les mères puisent l'inspiration aux sources du cœur) : elle entra dans la chambre de son fils ; elle prit sur la table la boîte qui contenait tabac, pipes, cigares, cigarettes et accessoires — car le jeune homme était un fervent du tabac — et... elle emporta résolument tout cela, pour le mettre en lieu sûr.

Puis elle revint et mit à cette même place la photographie du frère absent, et quelques fleurs fraîches dans un vase. Enfin elle s'assit à la table de son fils, prit une feuille de papier et y traça très lisiblement ces simples mots :

— « *Jusqu'à ce que...* tu puisses fumer en toute « bonne conscience devant la photographie de ton « frère.

« MAMAN. »

.....................................................

L'histoire rapporte que le jeune homme comprit... et... c'est aussi la grâce que je me souhaite à moi-même.

# « ON NE VEUT PAS ! »

(POST-SCRIPTUM)

Les lépreux... « de sales gens »...

Il vous souvient du titre donné au premier des récits de ce petit livre :

Une pauvre mère avait dit, dans son découragement : — « *...on ne peut pas !* »

Dites-moi ; pourraient - ils répondre autrement les malheureux abandonnés dont j'ai essayé d'esquisser ici la physionomie ?

Vous oseriez leur demander de se lever et de réagir contre la torpeur qui les envahit !... Vous voudriez qu'ils soient des modèles de vaillance et de support,... des héros du devoir !...

Hélas, ce sont des hommes comme vous et moi, des hommes qui souffrent atrocement, des victimes, bien plus que des coupables.

Un jour — en réponse à une enquête que je fis auprès des Européens des Iles Loyalty — je reçus de l'un d'eux la lettre suivante :

« Monsieur,

« Ma réponse vous sera donnée en peu de mots :

« Mon conseil, le voici : les lépreux sont de sales « gens, à faire disparaître le plus proprement et le « plus promptement possible. Un peloton de gendar- « mes et quelques cartouches feraient l'affaire.

« En tout cas, M. le missionnaire, dites-vous bien « ceci : il est inutile d'insister auprès de nous, en leur « faveur ; *on ne veut pas* faire quoi que ce soit pour « prolonger l'existence de cette racaille.

« Agréez, etc..... »

Vous êtes indigné comme je le fus.

Je vous en remercie.

Et après ?...

De l'émotion, de l'indignation, des paroles aimables ou élogieuses,... tout cela c'est très bien, tout cela est sans doute très sincère... Mais *après ?*

Moi je vous dis que si vous ne faites rien pour vos frères lépreux, je serai en droit de conclure comme concluait mon correspondant :

*On ne veut pas !*

Car, prenez garde ! Les cœurs sensibles s'endorment volontiers sur l'oreiller des bonnes pensées et des louables intentions ! Après cela, et très sincèrement, ils croient avoir fait quelque chose.

Je préfère encore ceux qui, tout franchement, vous jettent au visage leur :

« Je ne veux pas ! »

...Mais VOUS VOUDREZ, VOUS, et *vous ferez quelque chose.*

Vous joindrez vos efforts à nos efforts, vous vous enrôlerez dans notre croisade de pitié en faveur des lépreux.

Je vous en remercie.

# TABLE DES MATIÈRES

# BIBLIOGRAPHIE

A part quelques traités médicaux sur la lèpre et quelques articles de revues, les publications en langue française sont très rares. *Le Journal des Missions évangéliques* possède, ici et là, quelques pages sur ce sujet.

Signalons cependant :

*75 années parmi les lépreux,* par E.-A. Senft.

*Le père Damien, missionnaire parmi les lépreux,* par Mme Craven.

*Pitié pour eux !* par Ph. Delord.

En anglais :

*On sledge and horseback to outcast Siberian Lepers,* by Kate Marsden.

*Mending and Making,* par W.-H.-P. et M. Anderson.

Diverses brochures en anglais publiées par les deux sociétés The Mission to Lepers, de Grande-Bretagne et des Etats-Unis d'Amérique.

Le Comité de Secours aux lépreux a publié quelques brochures de propagande :

*Pitié !*

*But, principes et moyens.*

*Pour ceux qu'Il secourut.*

*La lutte contre la lèpre.*

*Nos devoirs envers les lépreux au* XXe siècle.

Le Comité de Secours a, en outre, réédité :

PITIÉ POUR EUX ! par Ph. Delord ; Plaquette illustrée, 2e éd. : 1 fr. 50.

Pour les enfants il a été fait un tirage à part du récit : LES DEUX SOUS DE TAFOÏTA. Illustré, couverture de couleur ; prix : 0 fr. 50.

Ces publications seront adressées à quiconque désire s'intéresser à l'œuvre en faveur des lépreux. En faire la demande au Secrétaire général : 102, Bd Arago, Paris (ou Chailly-sur-Lausanne, Suisse).

CAHORS, IMP. COUESLANT (*personnel intéressé*), — 27.943

## Comité de Secours aux Lépreux

En pleine harmonie avec la Société des Missions Evangéliques de Paris, et afin de la seconder dans ses œuvres de miséricorde, il s'est fondé un COMITÉ DE SECOURS AUX LÉPREUX.

Son but est de secourir physiquement et moralement les victimes de la lèpre dans les pays où sont établies des œuvres relevant des Missions évangéliques de langue française,

*physiquement :*

*a*) en soulageant les souffrances des lépreux ;
*b*) en sauvant leurs enfants de la contagion ;
*c*) en contribuant de toutes manières à la lutte contre l'extension de la lèpre.

*moralement :*

en s'efforçant de mettre à leur disposition le réconfort et l'espérance qu'ils peuvent trouver dans l'Evangile de Jésus-Christ ; toutefois sans aucune pression religieuse.

(*Extrait des statuts*
*du Comité de Secours aux Lépreux*).

TRÉSORIER du Comité : M. Ph. Cruse, Banque de Neuflize, 31, rue Lafayette, Paris.

Compte de chèques postaux : Paris, n° 566-85.

SECRÉTAIRE GÉNÉRAL : M. Ph. Delord, 102, Boulevard Arago, Paris, XIVe (ou Chailly-sur-Lausanne, Suisse).

www.ingramcontent.com/pod-product-compliance
Lightning Source LLC
LaVergne TN
LVHW020020170826
845678LV00001B/58

* 9 7 8 2 3 2 9 7 9 1 0 4 3 *